What Does It Mean to Be Born Again

R.C. 스프로울

거듭남이란 무엇인가?

생명의말씀사

WHAT DOES IT MEAN TO BE BORN AGAIN?
by R.C. Sproul

Copyright © 2010 by Reformation Trust Publishing,
a division of Ligonier Ministries, under the title What Does it Mean to Be
Born Again? (The Crucial Questions Series).
All rights reserved.
This Korean Edition Copyright © 2012 by Word of Life Press,
Seoul, Republic of Korea.

This Korean edition is translated and used by arrangement of
Reformation Trust Publishing through rMaeng2, Seoul, Republic of Korea.

본 저작물의 한국어판 저작권은 알맹2 에이전시를 통하여
Ligonier Ministries와 독점 계약한 생명의말씀사에 있습니다.
신저작권법에 의하여 한국 내에서 보호받는 저작물이므로 무단 전재와 무단 복제를 금합니다.

거듭남이란 무엇인가?

© 생명의말씀사 2012

2012년 8월 10일 1판 1쇄 발행
2024년 9월 25일   3쇄 발행

펴낸이 | 김창영
펴낸곳 | 생명의말씀사

등록 | 1962. 1. 10. No.300-1962-1
주소 | 서울시 종로구 경희궁1길 6 (03176)
전화 | 02)738-6555(본사) · 02)3159-7979(영업)
팩스 | 02)739-3824(본사) · 080-022-8585(영업)

기획편집 | 전보아, 박혜주
디자인 | 박소정
인쇄 | 주손디앤피
제본 | 주손디앤피

ISBN 978-89-04-15995-6 (04230)
ISBN 978-89-04-00158-3 (세트)

저작권자의 허락 없이 이 책의 일부 또는 전체를
무단 복제, 전재, 발췌하면 저작권법에 의해 처벌을 받습니다.

What Does It Mean to Be Born Again?

거듭남이란 무엇인가?

What Does It Mean to Be Born Again?

거듭남이란 무엇인가?

1장. 꼭 거듭나야 하나? | 11
예수님과 니고데모의 대화 | 하나님 나라에 가기 위한 필요조건 |
예수님이 반복하신 말씀

2장. 거듭남은 신비다 | 31
성령님이 다 하셨습니다 | 거듭남은 신비다 | 거듭남은 보이지 않는다

3장. 거듭남은 시작이다 | 51
우리는 죽었었다 | 그러나… 하나님이 우리를 살리셨다 | 하나님이
중생을 이루신다

Contents

4장. 거듭남은 하나님의 주권적 역사다 | 71
히브리인 중의 히브리인 | 그리스도가 사울과 대면하심 | 하나님은 당신을 대면하셨는가?

5장. 거듭남은 즉각적이다 | 87
거듭남은 순간적으로 일어난다 | 거듭남은 어떤 수단 없이 이루어진다 | 두 번째 손길 | 은혜 안에서 성장하는 것은 중개에 의한 것이다 | 하나님과 함께 일해야 한다

6장. 거듭남은 영구적이다 | 109
너희는 나를 누구라 하느냐 | 반석인 베드로 | 밀처럼 까부름을 당함 | 부인과 배신 | 새 탄생을 경축하라

예수께서 대답하여 이르시되

진실로 진실로 네게 이르노니

사람이 거듭나지 아니하면 하나님의 나라를 볼 수 없느니라

니고데모가 이르되 사람이 늙으면 어떻게 날 수 있사옵나이까

두 번째 모태에 들어갔다가 날 수 있사옵나이까

예수께서 대답하시되 진실로 진실로 네게 이르노니

사람이 물과 성령으로 나지 아니하면

하나님의 나라에 들어갈 수 없느니라

요한복음 3:3-5

주일 아침에 설교하면서 "하나님 나라에 들어가기 위해 거듭 날 필요는 없다."고 말할 목사들이 수없이 많이 있다. 누군가 그렇게 말하는 것을 듣는다면 예수님은 그렇게 말씀하시지 않았다는 사실을 기억하길 바란다. 교회의 주님은 "진실로 진실로 네게 이르노니 사람이 거듭나지 아니하면 하나님의 나라를 볼 수 없느니라"고 강조해서 말씀하신다.

Chapter **1**

꼭 거듭나야 하나?

예수님과 니고데모의 대화 | 하나님 나라에 가기 위한 필요조건
| 예수님이 반복하신 말씀

What Does It Mean to Be Born Again?

Chapter 1 　꼭 거듭나야 하나?

나는 기독교 신앙에 대해 더 알고 싶다던 한 남성과 이야기를 나눈 적이 있다. 그는 자신이 그리스도인이라고 생각한다면서 기독교에 관해 더 알고 싶다고 말했다. 하지만 그는 한 가지 주의를 주었다. "나는 그리스도인이 되고는 싶지만, 거듭난 그리스도인이 되기는 싫습니다."

그 말을 들었을 때 불현듯 1976년의 대통령 선거운동 때가 떠올랐다. 그때 지미 카터는 자신이 거듭난 그리스도인이라고 밝혔다. 그와 비슷한 시기에 닉슨 대통령의 고문이었으며 워터게이트 사건에 휘말리게 된 찰스 콜슨이 그리스도께 회심하고 『거듭남』 Born Again 이라는 책을 썼다. 그 책은 수백만 부가 팔렸으며 같은 제목의 영화도 나왔다. 한 술 더 떠서 흑표범단[1] Black Panther 지도자 엘드리지 클리버와 심지어 월간 포르노 잡지인 『허슬러』 Hustler 지의 발행인 래리 플린트까지 자신들이 거듭났다고 세상에 발표했다. 플린트는 지금은 자기가 무신론자라고 하지만 말이다.

교회의 소수의 사람들만 알고 있던 '거듭나다' 라는 용어가 이렇듯 갑자기 최신 뉴스거리가 되고, 전국적으로 주목을 받기 시작했다. 세속 사회에서도 그 말을 빌어다 기독교 신앙 외의 것들에 대해 사용했다. 예를 들어, 어떤 야구 선수가 한 해 동안 성적이 저조했다가 그 다음 해에 성적이 좋으면 사람들은 그를 '거듭난' 선수라고 했다.

---

1) 미국의 극좌익 흑인 과격파-역자주

하지만 그렇게 여기저기서 그 말이 사용되다 보니 '거듭나다'라는 용어의 참된 의미가 모호해졌다. 그 결과 새로운 탄생새로운 삶에 들어서는 일의 본질에 대해서 교회 내에서조차 많이 혼란스러워한다. 그래서 거듭난다는 것이 성경적으로, 신학적으로 어떤 의미를 지니는지 살펴보려고 이 작은 책을 저술했다.

먼저 엄밀하고 전문적인 의미에서 '거듭난 그리스도인'이라는 문구는 불필요한 중복이다. 신약에 따르면 그리스도인이 되기 위해서는 반드시 거듭나야 하기 때문이다요 3:3-5. 그러므로 어떤 사람이 거듭났다면 그 사람은 그리스도인이다. 그래서 어떤 사람을 '거듭난 그리스도인'이라고 부르는 것은 마치 그 사람을 '그리스도인적 그리스도인'이라고 부르는 것과도 같다. 신약에는 다른 어떠한 그리스도인도 나오지 않는다.

또 '거듭나다' born again라는 말은 '중생하다' regenerate라는 신학적 용어와 같은 의미로 좀 더 대중적인 말이다. 내가 알기로는 기독교계 역사상 그 어떤 교회도 중생이나 새 탄생 교리를 갖고 있지 않은 교회가 없었다. 즉, 서양사에서 모든 기독교 집단은 영적으로 다시 태어난다는 것이 무슨 의미인지에 대한 개념을 개발했어야 했다. 이것은 그 개념이 신학자들이나 성경 주석가들이나 설교자들에게서 처음 시작된 것이 아니기 때문이다. '영적 중생'이라는 개념은 예수님의 가르침에 기원을 두고 있다. 그리스도인들은 자신들이 그리스도의 추종자들이라고 여기므로 자연히 예수님이 이 개념에 대해 말씀하시는 것을 이해하는 데 관심이 있었다.

예수님과 니고데모의 대화

예수님이 이 주제에 대해 처음 가르치신 기사는 요한복음 3장에서 볼 수 있다. 새로운 탄생에 대해 이제부터 나올 논의의 견고한 토대를 얻을 수 있도록 이 본문을 천천히 꼼꼼하게 살펴보고자 한다. 요한은 이렇게 쓴다.

"그런데 바리새인 중에 니고데모라 하는 사람이 있으니 유대인의 지도자라 그가 밤에 예수께 와서…" 요 3:1-2.

요한은 곧바로 우리에게 니고데모를 소개하면서 그에 대해 두 가지를 말해 준다. 첫째로 그는 '바리새인'이었고, 둘째로 그는 '유대인의 지도자'였다. 바리새인은 하나님의 율법을 엄격하게 순종하는 일로 유명한 보수적인 종교 분파였고, 유대인의 지도자는 이스라엘 내의 종교 당국을 말한다. 유대 민족은 로마의 제국적 권위 아래 있었으며, 로마 총독의 지배를 받았다. 하지만 이스라엘에서 종교 당국은 70인으로 구성된 공회라는 집단에 속해 있었다. 이 사람들은 대략 미국의 상원의원이나 로마 가톨릭 교회의 추기경에 해당되는 사람들이었다. 요한은 니고데모가 유대인의 지도자라고 밝혔을 때 니고데모가 공회원이었다는 사실을 분명하게 나타내고 있는 것이다. 모든 바리새인이 공회원은 아니었지만 공회의 일부 회원들은 바리새인이었다. 이렇듯 니고데모는 고도의 신학적 훈련을 받은 박식하고 영향력 있는 사람이었다.

왜 니고데모는 밤에 예수님을 찾아갔을까? 예수님은 종교 당국에게는 의심의 대상이었기 때문에 그는 예수님과 공개적으로 함께 있는 모습을 보이고 싶지 않았던 것이다. 그래서 그는 예수님과의 처음 만남에서 신중을 기했다. 하지만 그는 이런 멋진 말을 했다.

"그가 밤에 예수께 와서 이르되 랍비여 우리가 당신은 하나님께로부터 오신 선생인 줄 아나이다 하나님이 함께하시지 아니하시면 당신이 행하시는 이 표적을 아무도 할 수 없음이니이다" 요 3:2.

이 유대인의 지도자가 예수님을 랍비로 인정하고 그에

게 신학자들에게나 걸맞은 존경을 표한 것은 의미심장하다. 니고데모는 예수님이 하나님의 말씀의 진정한 선생임을 인정하고 있었다. 그러고 나서 그는 적어도 일부 유대 지도자들은 예수님이 하나님이 보내신 선생이라고 인정한다고 단언한다. 예수님이 행하시는 표적들 덕이었다.

이러한 태도는 많은 바리새인들의 태도와는 많이 달라 보인다. 그들은 예수님에 대해 그렇게 긍정적인 견해를 가지고 있지 않았다. 사실상 그들은 예수님의 놀라운 활동들을 사탄의 권세 덕으로 여겼다마 12:22-32. 하지만 이 바리새인은 그런 터무니없는 비난을 하려 들지 않았고, 오히려 예수님을 찬양하며 왔다. 그는 이렇게 말하고 있었다.

"예수님, 저는 당신이 하나님으로부터 보내심을 받은 선생이 분명하다는 것을 인정합니다. 하나님이 함께하시지 않으면 어느 누구도 당신이 보이신 것 같은 권세를 행할 수 없기 때문입니다."

하나님 나라에 가기 위한 필요조건

예수님이 어떻게 반응을 보이시는지 보라. 그분은 "변변치 못한 나에게 유대인의 지도자요 공회 회원인 당신이 이런 존경의 말을 하다니요. 당신처럼 높은 자리에 있는 사람에게 그런 칭찬을 받으니 기분이 좋군요."라고 말하지 않으셨다. 일단 니고데모가 잠잠해지자 예수님은 사람들을 가르칠 때 언제나 그러셨던 것처럼 거두절미하고 문제의 핵심으로 들어가셨다. 그분은 니고데모에게 이렇게 말씀하셨다.

"…진실로 진실로 네게 이르노니 사람이 거듭나지 아니하면 하나님의 나라를 볼 수 없느니라" 요 3:3.

다시 말해, "니고데모야, 사소한 문제들이나 개인적인 명예에 대한 얘기는 이제 그만해라. 내가 네게 전달하고 싶은 것은, 사람이 하나님 나라를 보기 위해 꼭 해야 하는 뭔가가 있다는 거다."라고 말씀하신 것이다.

신학과 철학에서는 구분하기를 좋아한다. 이 두 학문에서 무척 중요한 한 가지 구분은 필요조건과 충분조건 간의 구분이다. 필요조건은 어떤 결과가 따르기 전에 반드시 일어나야만 하는 어떤 것이다. 예를 들어, 불을 붙이려면 산소가 절대적으로 필요하다. 산소가 없으면 불이 있을 수 없다. 이에 반해 충분조건은 어떤 결과가 일어나기 위해 필요한 모든 것이다. 산소는 불을 피우기 위한 충분조건이 아니라 필요조건이다. 하지만 그것만 있다고 해서 반드시 불이라는 결과가 나오지는 않는다. 산소 없이 불이 있을 수는 없지만, 불 없이 산소가 있을 수는 있다. 간단히 말하자면 필요조건은 필수불가결한 것, 그것이 없이는 바라는 결과가 따르지 않을 만한 것이다.

예수님은 니고데모와 대화를 나누면서 필요조건을 주셨다. 언제든 예수님이 필요조건에 대해 가르치실 때면 귀를 쫑긋하고 들어야 한다. 하지만 이 경우에는 특히 더

그래야 한다. 예수님은 하나님 나라에 들어가기 위한 절대적 요구 조건들을 말씀하고 계시기 때문이다. 예수님은 "사람이 거듭나지 아니하면 하나님의 나라를 볼 수 없느니라"고 말씀하셨다. 즉, 'A'가 일어나지 않으면 'B'는 도저히 그다음에 일어날 수 없다는 것이다. 왜 이것이 그렇게 중요한지 알겠는가? 이 말로써 예수님은 그분의 나라에 오기 위한 필요조건을 제시하셨기 때문이다.

예수님은 신학적으로 고도의 훈련을 받았고, 종교 지도자였으며, 이스라엘에서 동료 시민들에게 인정과 칭찬을 받았던 니고데모의 말을 가로막고 진리로 그의 정곡을 찌른다. "너는 거듭날 필요가 있다." 마치 내가 어떤 목사의 교회에 가서 그 목사가 나에게 신학적 질문을 던지거나 나에게 뭔가 친절한 말을 해주고 있는 동안, 내가 "잠깐, 당신은 하나님의 나라를 볼 수조차 없어요. 당신은 거듭나야 하기 때문이에요."라고 말한 것과 같다. 이런 경우를 보면 바리새인들이 예수님께 적대적이었던 것도 그리 놀랄 일이 아니다.

  그것을 최대한 간단하게 말하면, 영적으로 다시 태어나지 않는다면 당신은 그리스도인이 아니라는 말이다. 그리스도인이 되기 위해서는 다시 태어날 필요가 있다. 태어날 때부터 그리스도인인 사람은 아무도 없다. 이미 하나님 나라에 일원이 된 상태로 이 세상에 들어오는 사람은 아무도 없다. 그들은 이렇게 추론했다. "우리는 아브라함의 자손이야. 우리는 옳은 일만 하지. 우리에게는 모세 율법이 있어." 하지만 예수님은 후에 그들에게 이렇게 말씀하실 것이다. "너희는 아브라함의 자녀가 아니다. 너희는 너희가 섬기는 자들의 자녀다"요 8:39-47 참조.

  예수님의 이 말씀이 얼마나 시대를 앞서나가는 것이었는지는 아무리 강조해도 지나치지 않다. 그 말은 우리 귀에도 급진적으로 들린다. 그리고 그리스도 당시 사람들에게는 훨씬 더 급진적으로 들렸을 것이다.

  "나는 그리스도인이 되고는 싶지만, 거듭난 그리스도인

이 되기는 싫습니다."라고 말했던 친구의 말을 다시 생각해 보라. 본질적으로 그는 양손의 떡을 다 놓지 않으려 했다. 아마 십중팔구 그는 단지 "나는 진짜 그리스도인이 되고 싶습니다. 하지만 그것을 대놓고 드러내면서 불쾌한 전도 방식으로 다른 사람들을 괴롭히고 싶지는 않습니다."라는 의미로 말했을 것이다. 그는 자신을 불편하게 만든 그리스도인 집단을 그런 식으로 규정했다. 그리고 그것은 그가 거듭난 그리스도인들 특유의 것이라고 인식하는 교회 내의 한 스타일이었다.

하지만 실제적 의미에서 볼 때 단 한 가지 종류의 그리스도인만이 있다. 그 한 가지 종류의 그리스도인에 여러 다른 스타일이 있다. 어떤 사람들은 예의바르고, 어떤 사람들은 무례하다. 어떤 사람들은 조용하고, 어떤 사람들은 시끄럽다. 어떤 사람들은 보수적이고, 어떤 사람들은 개방적이다. 하지만 하나님 나라에 들어가는 유일한 종류는 중생한 종류다. 예수님은 새로운 탄생을 필요조건으로 만드셨기 때문이다. 그래서 내가 중생에 대해 제일 처음 말하고 싶은 것은 중생이 꼭 필요하다는 것이다.

예수님이 반복하신 말씀

유대인들은 강조를 위해 반복을 사용할 때 두 가지 방식이 있었다. 그리고 예수님은 니고데모와의 대화에서 그 두 가지를 다 사용하셨다. 나는 내 저서인 『하나님의 거룩하심』 The Holiness of God에서 이사야서 6장을 검토할 때 이 중 한 가지 방법을 연구했다. 거기 보면 하늘의 하나님의 보좌에서 그룹들이 번갈아가면서 "거룩하다 거룩하다 거룩하다"사 6:3라고 노래하고 있다고 나온다. 나는 이 같은 말의 반복이 어떤 의미인지 설명했다. 이러한 반복은 성경 전체에서 사용된 기법이다. 유대인들은 뭔가를 강조하고자 할 때 느낌표를 덧붙이거나 이탤릭체를 사용하는 대신 그냥 그것을 반복한다.

예수님은 그분의 필요조건을 소개하실 때 바로 "사람이 거듭나지 아니하면 하나님의 나라를 볼 수 없느니라"고 말씀하지 않으셨다. 대신 먼저 "진실로 진실로"라는 말로 시작하셨다. 그것은 원어에서 보면 "아멘, 아멘"*amēn, amēn* 이라고 읽을 수도 있을 것이다. 영어의 'amen'이라는 단어는 이 히브리 단어에서 나왔다. '아멘'은 우리가 기도를 마칠 때 사용하는 단어로 '참으로' 혹은 '그렇게 될지어다'라는 말이다. 때때로 예수님은 자신의 가르침을 시작하실 때 '아멘'이라는 말을 반복하시는데 이것이 그런 경우 중 하나다. 예수님이 "진실로 진실로"라고 하실 때 그것은 "이 옆에 별표를 쳐놓아라. 이건 정말 중요해."라고 말씀하고 계신 것이나 다름없다.

나는 신학교에서 강의할 때 학생들에게 이렇게 말하곤 했다. "제가 칠판에 뭔가를 쓰고 있는 걸 보면 노트에는 그 옆에 빨간 색으로 X표를 해놓으세요. 그건 반드시 시험에 나올 겁니다." 예수님은 "진실로 진실로"라고 말씀하셨을 때 이와 비슷한 일을 하신 것이다. 그분은 "여기 대단히 중요한 뭔가가 있다."고 말씀하고 싶으실 때 "진실로 진실로"라고 말씀하시곤 했다.

주일 아침에 설교하면서 "하나님 나라에 들어가기 위해 거듭날 필요는 없다."고 말할 목사들이 수없이 많이 있다. 누군가 그렇게 말하는 것을 듣는다면 예수님은 그렇게 말씀하시지 않았다는 사실을 기억하길 바란다. 거듭나는 것이 요구사항인지 아닌지 갈등을 느낀다면, 누가 기독교 교회에 대해 최고의 권위를 갖고 말하는지 결정해야 할 것이다. 교회의 주님은 "진실로 진실로 네게 이르노니 사람이 거듭나지 아니하면 하나님의 나라를 볼 수 없느니라"고 강조해서 말씀하신다.

유대인들이 반복을 사용하는 두 번째 방식이 있었다. 그들은 말을 반복할 뿐 아니라, 특정한 개념을 약간 다른 표현으로 반복한다. 사도 바울은 갈라디아인들에게 성경적 복음을 버리지 말라고 경고할 때 그들에게 "그러나 우리나 혹은 하늘로부터 온 천사라도 우리가 너희에게 전한 복음 외에 다른 복음을 전하면 저주를 받을지어다"갈 1:8라고 말했다. 그러고 나서 사도는 "우리가 전에 말하였거니와 내가 지금 다시 말하노니 만일 누구든지 너희가 받은 것 외에 다른 복음을 전하면 저주를 받을지어다"갈 1:9라고 덧붙였다.

바울은 여기에서 두 번째 형태의 반복법을 사용했다. 그것은 같은 요점을 약간 다른 단어를 사용하여 두 번 주장하는 것이다.

예수님도 똑같이 하셨다. 그분은 먼저 "예수께서 대답하여 이르시되 진실로 진실로 네게 이르노니 사람이 거듭나지 아니하면 하나님의 나라를 볼 수 없느니라"요 3:3고 말씀하셨다. 니고데모는 "사람이 늙으면 어떻게 날 수 있사옵나이까 두 번째 모태에 들어갔다가 날 수 있사옵나이까"요 3:4라고 대답했다. 그러자 예수님은 "진실로 진실로 네게 이르노니 사람이 물과 성령으로 나지 아니하면 하나님의 나라에 들어갈 수 없느니라"요 3:5고 대답하셨다. 주님이 이러한 핵심 요구사항들을 반복하신 것은 그것이 얼마나 필수적인 것인지를 보여 주는 것이다.

내가 예수님의 가르침에서 추론해낸 것은 사람이 거듭나지 않으면 하나님 나라를 보거나 하나님 나라에 들어가는 게 불가능하다는 것이다. 하지만 그것은 중요한 질문을 제기한다. '거듭난다'는 것은 무엇을 의미하는가? 앞에서 말했듯이, 모든 교회는 모두 같은 교리를 갖고 있지는 않지만 중생 교리를 가지고 있다. 모든 사람들은 중생 혹은 거듭남이 하나님 나라에 들어가기 위한 필요조건임을 인정하지만, 어떻게 그 필요조건을 충족시킬 수 있으며, 거기 정확하게 무엇이 포함되어 있는가에 대해서는 다 동의하는 것은 아니다. 다음 장들에서는 예수님이 이 필요조건을 규정하셨을 때 그 말의 의미가 정확하게 무엇이었는지 살펴보도록 하겠다.

중생은 눈에 보이지 않지만 예수님이 우리가 그 효과를 볼 수 있다고 말씀하신 것에 유의해야 한다. 우리가 바람의 효과를 보고, 듣고, 느낄 수 있는 것과 마찬가지다. 중생의 구체적인 표현들을 어디에서 찾을 수 있을까? 바로 변화된 삶의 열매에서 그것을 볼 수 있다.

Chapter **2**

거듭남은 신비다

성령님이 다 하셨습니다 | 거듭남은 신비다 | 거듭남은 보이지 않는다

What Does It Mean to Be Born Again?

Chapter 2   거듭남은 신비다

텔레비전에서 한 화가가 그림 그리는 시범을 보이는 것을 본 적이 있다. 그는 그림을 그리면서 자신이 사용하고 있는 기법들을 설명했다. 그는 먼저 피어오르는 구름을 몇 개 그렸다. 그다음에 다른 붓을 사용해서 구름에 명암을 넣고 소용돌이를 더하는 모습을 보여 주었다. 그는 하늘에 가만히 있는 구름과 바람에 날리고 있는 구름 간에는 차이가 있다고 말했다. 가만히 있는 구름은 얼어붙은 것처럼 보인다. 그 사람은 설명하기를, 진짜 구름은 그 안에 습기를 머금고 있을 뿐 아니라 바람에 날린다고 한다. 그다음에 그는 세 번째 붓을 들어 손을 놀려서 구름 꼭대기에 선들을 그린다. 그 선은 대칭은 아니지만 구름의 테두리를 분명하게 묘사한다. 그의 손놀림이 끝나자 구름은 움직이면서 빙빙 소용돌이치는 것처럼 보였다. 나는 그림 안에서 바람 자체를 볼 수는 없었지만 바람을 느낄 수가 있었다.

니고데모에게 새로운 탄생의 절대적인 필요성에 대해 가르치고 난 후 예수님은 이어서 바람과 신비mystery, 곧 영적 중생의 신비한 내적 작용을 비교하신다. 이 장에서 우리는 중생의 이 측면에 초점을 맞출 것이다.

성령님이 다 하셨습니다

몇 년 전 나는 아주 잠깐 만난 적이 있는 한 남성과 한 시간 동안 개인적으로 이야기를 나눌 기회가 있었다. 그 사람은 전도자 빌리 그레이엄이었다. 나는 노스캐롤라이나 애슈빌에서 그와 저녁을 함께했다. 우리는 그때 몇 가지 문제에 대해 논의했다. 한창 논의를 하던 중 각자의 회심 경험을 나눈 후 빌리는 젊은 시절 노스캐롤라이나 샬럿에서 연속 설교를 하던 강사 모디캐이 햄의 설교를 들었을 때 그에게 일어난 일을 말해 주었다. 빌리는 여러 설교와 책에서 그의 삶에 일어난 이 사건을 언급한 적이 있다. 하지만 오랜 세월이 지난 후 그에게서 직접 그 사건에 대해 듣는 것은 내게는 매우 황송한 경험이었다.

빌리의 이야기를 들으면서 느낀 것은 마치 그 일이 바로 그날 일어난 것처럼 그가 흥분한 상태였다는 것이다. 그는 여전히 오래전 예수 그리스도를 만났을 때 불붙었던 그 열정으로 가득 차 있었다. 그는 햄이 인도하는 예배에 이끌려 밤마다 설교를 듣고, 마침내 저항할 수 없이 그리스도께 이끌렸을 때 겪은 것을 모두 말해 주었다. 끝에 가서 빌리는 나를 바라보더니 말했다.

"성령님이 다 하셨습니다."

그는 성령으로 난 것에 대해 이야기하고 있었다.

내 아내 베스타는 자신의 회심에 대해 그와 비슷하게 말한다. 베스타와 나는 약 5년 동안 교제했었고, 우리는 결혼을 계획하고 있었다. 나는 대학교 1학년 때 갑자기 회심을 했다. 그리고 그리스도인으로서 믿음의 순례 여정을 갓 시작한 지 얼마 안 되어, 나는 신자가 아닌 여자와 결혼해서는 안 된다는 말을 들었다. 하지만 내가 결혼하고 싶은 여자는 베스타였으며, 나는 이미 그녀와 약혼을 한 상태였다. 이것은 내 인생에 있어서 격렬한 갈등이 되었다.

베스타는 베스타대로 자기 약혼자를 사로잡은 이 이상한 움직임과 씨름하고 있었다. 나는 이전에는 어떠한 심각한 종교적 신념도 가지고 있지 않았다. 하지만 이제 기독교가 내 삶을 완전히 뒤집어버렸다. 그녀는 내가 미쳐

가고 있는 게 아닌가 하고 걱정했다.

내가 회심한 후 몇 달이 지났을 때 베스타가 나를 찾아오기로 했다. 그녀가 도착한 날, 나는 강의를 빼먹고 내 방에 남아 문을 잠가 놓고 있었다. 침대 옆 바닥에 앉아 전에 한 번도 하지 않았던 기도를 했다. 나는 이렇게 말했다. "하나님, 저는 영원한 작정eternal decrees이 뭔지 모릅니다. 하지만 제가 좋아하는 것이 그 작정과 맞지 않는다면 저의 취향을 바꾸어 주옵소서."

나는 그때 몇 시간 동안 하나님과 씨름했다. 결국 나는 베스타가 그 주말에 그리스도인이 되지 않는다면 그녀와 헤어지겠다고 마음먹었다. 나는 그것을 단호하고 솔직하게 말씀드렸다.

나는 베스타와 함께 내가 속해 있는 기독교 기관의 모임에 갔다. 베스타에게 내가 기도한 것과 결심한 것에 대해 이야기하지 않았다. 나는 "베스타, 네가 이번 주말에 그리스도께 나아오지 않는다면 반지를 돌려줬으면 좋겠어."라고 말하지 않았다. 그것에 대해서는 아무 말도 하지 않았다. 베스타는 우리 모임에 왔고, 나와 상당히 떨어진 곳에 있었다. 그런데 그녀는 그 모임에서 그리스도를 만났다. 그녀는 모임이 끝났을 때 너무나 흥분되어 있었다. 그녀는 마치 "유레카! 발견했어!"라고 외치면서 욕조에서 뛰쳐나오던 아르키메데스 같았다. 그녀는 모든 그리스도인이 아는 것을 알게 되었다. 바로 그녀가 구속받았다는 기쁨이다.

하지만 그녀는 밤새도록 잠자리에서 잠을 이루지 못하고 자신을 꼬집으며 말했다. "그게 아직 내 마음속에 있나? 내가 아직 그걸 가지고 있나?" 그런 후 자신의 내적 감정을 점검해 보고는 "그래, 아직 내 마음속에 있는 것 같아."라고 말했다. 그런 뒤 다시 돌아누워 잠이 들었다.

그 다음 날 아침에 베스타를 만났을 때 그녀는 자기가 그날 밤 경험한 것에 대해 말해 주며 내가 절대로 잊지 못할 말을 했다.

"이제 성령님이 누구신지 알겠어."

나는 내게 일어난 일을 그녀에게 설명하려 애를 써왔었다. 하지만 그것은 눈이 먼 사람에게 무지개를 설명하는 것과도 같았다. 베스타가 믿고 그리스도를 신뢰했을 때에만 그녀는 성령 하나님의 정체와 성품을 인격적으로 이해했다.

그녀가 비록 이전에 성령님에 대해 들었고, 교회에 정기적으로 출석했고, 성부, 성자, 성령의 이름으로 축도하는 것을 들었었지만, 그녀에게는 모두 하나의 의식이었을 뿐이다. 그녀는 종교적 배경은 갖고 있었지만 인격적인 내용이나 적용은 없었다. 하지만 그녀가 회심했을 때 성령님을 알게 되었다.

내가 겪은 회심에 대해 베스타에게 설명할 때 경험한 어려움은 드문 것이 아니다. 세상에서 분명히 말하기가 가장 어려운 것 중 하나는 삶을 변화시키는 영적 체험을 갖는다는 게 무슨 의미인가 하는 것이다. 이것은 새로운 탄생이 신비이기 때문이다. 그리고 이것이 그것을 경험한 사람들에게 신비라면, 그것을 경험하지 않은 사람들에게는 가장 근본적인 차원에서 도저히 이해할 수 없는 신비다. 심지어 니고데모 같은 숙련된 신학자조차 말이다.

거듭남은 신비다

니고데모가 느낀 혼란은 예수님과 나눈 대화에서 명백하게 나타났다. 예수님이 그에게 "사람이 거듭나지 아니하면 하나님의 나라를 볼 수 없느니라"요 3:3고 말씀하신 후 니고데모는 예수님을 보면서 말했다. "사람이 늙으면 어떻게 날 수 있사옵나이까"요 3:4. 다시 말해, 그는 "예수님, 무슨 말씀을 하고 계신 겁니까?"라고 말한 것이다. 나는 이 말이 사람이 예수님께 할 수 있는 가장 어리석은 말 중 하나라고 믿는다. 니고데모는 분명 예수님의 말씀의 의미를 깨닫지 못하고 있었다.

예수님은 '중생' regeneration에 대해 이야기하고 계셨다. 're'라는 접두어를 주목하라. 그것은 '다시'라는 의미다. '낳다' generate라는 말은 문자적으로는 '되다' 혹은 '발생하다'라는 의미다. 이처럼 예수님은 뭔가가 반드시 '다시 일어나야 한다'고 말씀하고 계셨다. 하지만 그분은 육체적 재 탄생이 아니라, 영적 재 탄생을 염두에 두고 계신 것이었다. 새로운 탄생은 실제 탄생이지만, 다른 종류의 탄생이다.

니고데모의 질문에 대한 대답으로 예수님은 이 신비를 설명하기 시작하셨다.

"육으로 난 것은 육이요 영으로 난 것은 영이니" 요 3:6.

예수님은 명백한 점, 근본적인 점을 말씀하고 계셨다. 하지만 그것은 니고데모가 반복해서 들어야 할 것이었다. 결국 대부분의 전문적 신학자들은 신학의 어떤 전문적인 사항이 아니라 아주 기본적이고도 초보적인 점, 그들이 통달했어야 하는 점에서 잘못된 길에 들어서게 된다.

실제로 이 대화 뒷부분에서 예수님은 "너는 이스라엘의 선생으로서 이러한 것들을 알지 못하느냐"요 3:10고 하시면서 니고데모를 가볍게 꾸짖으신다. 그것은 예수님이 이렇게 말씀하시는 것과도 같다.

"부끄러운 줄 알아라. 너는 이러한 것들을 알아야 한다. 나는 이런 것들을 꾸며내고 있는 게 아니다. 이러한 것들은 성경적 종교의 기초다."

새로운 탄생은, 육으로 난 것은 육이기 때문에 필요하다. 그리고 우리는 육에서 영을 얻을 수는 없다. 떡갈나무를 키우려면 딸기가 아니라 도토리를 심어야 한다. 육은 오직 육을 낳지만, 성령으로 난 것은 영이다. 그래서 예수님은 니고데모에게 단순한 생물학적 과정의 반복이 아니라, 영적 재 탄생에 대해 말씀하고 계셨다. 이것이 훨씬 더 신비한 것이다.

예수님은 자신이 영적인 것들에 대해 말씀하고 계시다는 사실을 확증하고 나서 "내가 네게 거듭나야 하겠다 하는 말을 놀랍게 여기지 말라"요 3:7고 덧붙이셨다. 나사렛 예수가 하신 명령 중 사람들이 무시해 온 것이 있다면 바로 이것이다. 사람들은 누군가가 거듭날 필요가 있다는 것에 대해 말하면 여전히 놀라고, 불안해하고, 신경질적이 되는 경향이 있다. 하지만 예수님은 말씀하셨다. "그것에 대해 놀라지 말고, 기이하게 생각하지도 말라."

그러고 나서 예수님은 '어떻게'에 대한 니고데모의 질문에 대답하기 시작하셨다. 하지만 신비에 대해 말씀하시면서 예수님은 실제로는 그것을 더 심화시키셨다. 그분은 이렇게 말씀하셨다.

"바람이 임의로 불매 네가 그 소리는 들어도 어디서 와서 어디로 가는지 알지 못하나니 성령으로 난 사람도 다 그러하니라"요 3:8.

여기에는 대단한 말장난이 들어 있다. 헬라어 '프뉴마' *pneuma*는 '영', '호흡' 또는 '바람'으로 번역할 수 있다. 그래서 예수님이 "너는 성령으로 나야 한다. 그것은 마치 바람과도 같다."고 말씀하셨을 때 그분은 "프뉴마가 마치 프뉴마와도 같다."고 말씀하신 것이었다.

다락방에서 일어난 사건에 대한 요한의 기사에서도 똑같은 말장난이 나온다. 그때 예수님은 제자들에게 숨을 내쉬며 성령을 받으라고 말씀하셨다요 20:22. '숨을 내쉬다'와 '성령'이라고 번역된 단어는 둘 다 '프뉴마'다. 예수님은 제자들에게 프뉴마 하시고는 거룩한 프뉴마를 받으라고 말씀하셨다.

예수님은 사실상 이렇게 말씀하셨다. "니고데모야, 중생이 어떻게 일어나는지 알고 싶으냐? 프뉴마, 곧 성령은 원하는 대로 분다. 그것은 임의로 부는 바람과 같다. 그것을 볼 수는 없지만, 그 결과는 볼 수 있다. 프뉴마는 그렇다." 다시 말해, 성령의 중생 사역은 신비스럽다.

거듭남은 보이지 않는다

아주 기본적으로 성령의 역사는 신비하다. 성령님 자신이 상당히 신비한 분이기 때문이다. 교회사에서 성령의 인격과 사역에 대해 쓰인 가장 위대한 저술 중 하나는 네덜란드 수상으로도 일했던 신학자 에이브러햄 카이퍼가 쓴 것이다. 카이퍼는 그의 고전 『성령의 역사』*The Work of the Holy Spirit*에서 이렇게 쓴다.

"사람들은 그리스도를 보고 들을 수 있다. 심지어 생명의 말씀에 손을 댈 수 있었던 때도 있었다. 하지만 성령님은 완전히 다르다. 그분은 눈에 보이는 형태로 나타나지 않는다. 그분은 무형의 허공에서 나오시는 적이 절대로 없다. 허공을 맴돌고, 규정되지 않고, 불가해한 그분은 여전히 신비로 남아 있다. 그분은 바람이다! 우리는 그 소리를 듣는다. 하지만 그것이 어디에서 와서 어디로 가는지는 알지 못한다. 눈은 그분을 볼 수 없다. 귀는 그분을 들을 수 없다. 더더군다나 손은 그분을 만질 수 없다. 실로 상징적인 표적들과 나타남이 있다. 비둘기, 불의 혀, 몰려오는 강한 바람 소리, 예수님의 거룩한 입술에서 나오는 숨, 안수하는 것, 방언으로 말하는 것 등이다. 하지만 이 모든 것 중 남아 있는 것은 아무것도 없다. 아무것도 뒤에 머물러 있지 않다. 심지어 발자국조차 말이다."[2)]

간단히 말해, 성령과 성령의 중생 사역은 눈에 보이지 않기 때문에 신비하다. 아무도 하나님이 다른 사람의 영혼에서 하고 계시는 일을 볼 수 없다. 그 때문에 성경에서는 사람은 외모를 보지만 여호와는 중심을 본다고 경고했다삼상 16:7. 중생은 사람의 안에서 일어나 그 사람을 변화시키는 영적 실상이다. 하지만 그것은 바람과 마찬가지로 눈에 보이지 않는다.

---

2) Abraham Kuyper, *The Work of the Holy Spirit* (London: Funk & Wagnalls, 1900), p. 6.

중생은 눈에 보이지 않지만 예수님이 우리가 그 효과를 볼 수 있다고 말씀하신 것에 유의해야 한다. 우리가 바람의 효과를 보고, 듣고, 느낄 수 있는 것과 마찬가지다. 중생의 구체적인 표현들을 어디에서 찾을 수 있을까? 바로 변화된 삶의 열매에서 그것을 볼 수 있다.

우리 모두는 그리스도인으로서 우리의 살아온 삶을 평가할 때 갈등을 느끼기 마련이다. 우리 삶에서 좋은 변화를 볼 수 있을 때도 있지만, 보고 싶지 않은 것들을 볼 때도 있다. 아무도 보지 않았으면 하는 것들이다. 그래서 우리 영혼의 상태를 분석할 때 우리는 거듭났을 때 어디 있었는지, 심지어 그 일이 어떻게 일어났는지 물을 필요가 없다. 그보다 우리의 성향, 하나님의 것들에 대한 우리의 태도에 어떤 변화의 증거가 있는지 물어봐야 한다.

중생하지 않은 사람들은 하나님의 것들에 무관심하다. 더 흔한 경우로, 그들은 하나님에 대해 공개적으로 적대적이다. 일부 사람들은 하나님을 찾는 것처럼 보일지 모르지만 로마서 3:11은 그렇지 않다고 말한다. 중생하지 않은 사람은 절대로 하나님을 찾지 않는다. 그는 하나님으로부터 달아나는 도망자다. 예수님은 잃어버린 자를 찾아 구원하러 오셨다 눅 19:10. 그분은 찾는 자시며, 우리는 달아나는 자들이다.

중생하지 않은 사람들은 행복, 마음의 평화, 죄책으로부터의 위안, 의미 있는 삶, 그리고 오직 하나님만이 그들에게 주실 수 있는 다른 많은 것들을 찾고 있다. 하지만 그들은 정작 하나님을 찾지는 않고 있다. 그들은 하나님이 주는 유익들을 찾고 있다. 인간의 죄는 바로 이것이다. 그는 하나님이 아니라 하나님이 주시는 유익들만을 원한다는 것이다.

하지만 성령님이 신비한 중생의 역사를 행하실 때 사람 안에서 첫 번째로 변화되는 것은 그 사람의 영혼의 성향이다. 이제 그는 하나님의 것들에 신경을 쓰고, 하나님을 찾기를 원한다. 이전에는 없었던 하나님에 대한 애정이 생긴다. 하나님에 대한 애정이 결코 완전하지는 않지만 실제로 존재한다. 그 애정이 어떻게 해서 생겼는지는 아직까지 수수께끼로 남아 있다. 하지만 현실은 그 사람의 심장이 하나님을 위해 뛴다는 것이다. 이전에는 절대로 그런 적이 없었는데 말이다. 이것은 영혼을 통해 프뉴마가 부는 것의 부인할 수 없는 효과다.

영적 성장에서 우리는 일반적으로 상승세를 타며 시간이 지나면서 기복이 덜해진다. 점점 성숙해지면서 보다 일관된 유형의 영적 행동이 자리를 잡는다. 하지만 새 탄생은 단지 우리가 하늘나라에서 영광될 때까지 계속되는 이 과정의 시작점일 뿐이다. 이 투쟁은 새 탄생하는 날부터 하늘나라에서 우리가 그리스도 안에서 온전한 성숙함에 이르는 날까지 계속된다.

Chapter 3

거듭남은 시작이다

우리는 죽었었다 | 그러나… 하나님이 우리를 살리셨다 | 하나님이 중생을 이루신다

What Does It Mean to Be Born Again?

Chapter 3   거듭남은 시작이다

중생은 하나님이 우리를 이끌어 가시는 구속 경험 전체에서 첫 번째 단계다. 사람들은 자기가 거듭났다고 말할 때 종종 자신들의 새 탄생이 곧 그들의 새로운 생명과 같은 것을 의미한다고 생각한다. 결국 신약은 그리스도 안에 있는 사람은 새로운 피조물이라고 말한다. "그런즉 누구든지 그리스도 안에 있으면 새로운 피조물이라 이전 것은 지나갔으니 보라 새것이 되었도다"고후 5:17.

어떤 사람이 새로운 사람, 새로운 피조물이라는 사실은 그가 새 생명을 가지고 있다는 의미다. 하지만 그의 새 생명은 그의 새 탄생과 같은 것이 아니다. 오히려 그의 새 생명은 그의 새 탄생의 결과다. 그의 삶의 하루하루가 그의 육체적 탄생의 결과인 것과 마찬가지다. 우리 각자는 해마다 생일을 맞지만, 해마다 태어나지는 않는다. 탄생은 한 번 일어나며, 그것은 이 세상에서 그가 사람으로 존재하는 것의 시작을 알린다. 그래서 우리는 시작과 그 시작으로부터 나오는 생명을 구분한다. 자연적육체적 탄생과 관련해서나 우리가 '중생'이라는 용어로 묘사하는 초자연적영적 탄생과 관련해서나 마찬가지다.

그리스도인이 되었을 때 나는 내가 고린도후서 5:17에서 말하는 바와 강력하게 부합된다는 것을 발견했다. 나는 갑작스럽게 극적인 회심을 경험한 사람 중 하나였다. 그리스도인이 되고 나서 처음 두 달 동안 나는 영적 생활과 관련하여 정서적으로 롤러코스터를 탄 듯 기복이 심했다. 나는 영적 희열을 느꼈다가 깊은 영적 하강을 느꼈다가 했다. 골프 칠 때의 경험과 무척 비슷했다. 나는 아내에게 얼마나 여러 번 이렇게 말했는지 모른다. "찾아냈어. 비밀을 알아냈다고. 이제 절대로 다시는 골프공을 빗나가게 치는 일도 없을 거고, 라운딩을 제대로 못하는 일도 없을 거야."

그런 감정은 한 이틀 지속된다. 그러고 나면 다시 처음으로 돌아가 버린다. 골프에서 성공은 왔던 만큼 빨리 사라지기 때문이다. 처음 두 달 동안 그리스도인으로서 나의 경험도 그와 같았다. 나는 영적 황홀함과 이전에 지었던 죄에 다시 빠질 때 느끼는 깊은 하나님 부재 의식 사이를 왔다 갔다 했다.

이것은 어떤 목사에게 도움을 구할 때까지 지속되었다. 그 목사는 이런 지혜로운 조언을 해주었다.

"당신의 새 탄생이 단지 시작일 뿐이라는 걸 기억하세요. 신약은 당신이 다른 모든 면성숙함, 교양, 정규 교육에서는 성인일지 모르지만, 새롭게 그리스도인의 경험을 하고 있다면 영적으로는 어린아이라고 말합니다. 당신은 유아기에 있는 겁니다."

유아들의 정서적인 유형들을 생각해 보라. 그 유형들이 얼마나 변덕스러운지 살펴본 적이 있는가? 아기는 앙앙 울다가도 당신이 까꿍 하면서 다른 것으로 주의를 돌리면 갑자기 킥킥 웃는다. 하지만 10초 후에 다시 울 수도 있다. 나중에 자라서 감정의 극단적 기복이 덜해질 때까지는 아이의 감정은 이와 같다. 마찬가지로, 영적 성장에서 우리는 일반적으로 상승세를 타며 시간이 지나면서 기복이 덜해진다. 점점 성숙해지면서 보다 일관된 유형의 영적 행동이 자리를 잡는다.

하지만 새 탄생은 단지 우리가 하늘나라에서 영광될 때까지 계속되는 이 과정의 시작점일 뿐이다. 이 투쟁은 새 탄생하는 날부터 하늘나라에서 우리가 그리스도 안에서 온전한 성숙함에 이르는 날까지 계속된다.

나는 설교자들이 사람들에게 기독교 신앙의 풍성함을 확신시키려고 "예수님께 나아오면 모든 문제가 해결될 겁니다."라고 말하는 것을 들으면 좀 화가 난다. 전혀 그렇지 않다. 오히려 내가 그리스도인이 될 때까지는 내 인생은 전혀 복잡하지 않았다. 그리스도인이 되고 나서야 나는 어떤 것이 육에 속한 것이고, 어떤 것이 영에 속한 것인지를 놓고 날마다 전쟁을 벌여야 했기 때문이다.

그 투쟁은 계속되고 있다. 중생한 사람의 마음은 악을 거의 무제한 수용할 수 있는 능력을 갖고 있기 때문이다. 우리는 그리스도인 지도자들이 심각한 죄에 빠질 때 너무 충격을 받아서는 안 된다. 우리는 새 생명의 권세를 가지고 있다. 그렇다고 해서 우리의 회심 이전의 성향들이 자동적으로 지워지는 것은 아니다 갈 5:16-26, 롬 6-7장 참조. 중생은 단지 시작일 뿐이다. 하지만 그것은 당신이 일찍이 갖게 될 가장 중대한 시작이다.

우리는 죽었었다

그리스도인의 삶의 시작에 대한 아주 중요한 요소들이 몇 가지 있다. 자, 이제 그 요소들에 주의를 한번 기울여 보도록 하자. 우리는 우리가 무엇으로부터 중생했는지 알 필요가 있다. 바울은 에베소서 2장 첫 부분에서 이렇게 쓴다.

"그는 허물과 죄로 죽었던 너희를 살리셨도다 그때에 너희는 그 가운데서 행하여 이 세상 풍조를 따르고…" 엡 2:1-2.

우리는 모두 가치관을 지니고 있다. 우리는 모두 관점, 세계에 대한 시각, 우리 자신에 대한 시각을 지니고 있다. 그리고 모두 나름대로 기준에 따라 살려고 애쓴다. 당신은 어떻게 삶을 사는가? 당신의 기준은 무엇인가? 당신은 그 기준을 어디에서 얻었는가? 그리고 왜 그것은 당신의 기준인가?

사도는 여기에서 단언한다. "너희가 다시 태어나기 전에 너희는 죽었었다." 분명 그는 생물학적 죽음에 대해 말하고 있는 것이 아니다. 이 메시지, 이 편지는 시체 보관소로 보내고 있는 것이 아니다. 그것은 생물학적으로 살아 있는 사람에게 보내는 것이다.

바울은 에베소인들과 우리가 과거에는 영적으로 죽어 있었다고 말하고 있다. 우리는 영적 좀비들이었다. 걸어다니는 죽은 사람들이었다. 우리는 생물학적으로는 살아 있었지만 영적으로는 죽어 있었다.

우리는 어떻게 행했는가? 바울은 우리가 "세상 풍조"를 따라 행했다고 말한다.

당신이 500명의 다른 경쟁자들과 마라톤에서 뛰고 있는데, 자리를 떠서 당신 자신만의 코스를 뛰기로 결심한다면 아무리 빨리 달려도 상을 받지 못할 것이다. 경주의 경계선 안에, 곧 코스 안에 머물러 있지 않았기 때문이다. 경주자들이 따라가야 하는 명확한 코스가 있다. 바울은 당신이 중생하기 전에는 이 세상이 정해 놓은 코스를 따라 삶을 살았다고 말하고 있다.

우리 인간들은 또래들의 가치관에 집착하여 맹종하는 경향이 있다. 특히 10대 때는 더욱 그렇다. 10대들은 또래를 대단히 의식하는 경향이 있다. 그들이 끊임없이 반복하는 말은 "다들 그렇게 한다."는 것이다. 그들은 자신들이 최신 유행과 패션 정보를 가지고 있는지 없는지 하는 문제로 애태우는 듯하다. 하지만 10대가 끝날 무렵이 되면 더 이상 그러지 않는다. 당신은 그럴 정도로 어리석지는 않을 것이다.

우리는 이 세상 코스의 경계선을 나타내는 깃발을 계속 의식하는 경향이 있다. 세상이 우리에게 제시하는 코스에 그렇게 맹종하는 집착은 중생하지 않은 사람의 표시라고 바울은 말한다. 그뿐 아니라 바울은 우리에 대해 이렇게 말한다.

"…공중의 권세 잡은 자를 따랐으니 곧 지금 불순종의 아들들 가운데서 역사하는 영이라 전에는 우리도 다 그 가운데서 우리 육체의 욕심을 따라 지내며 육체와 마음의 원하는 것을 하여 다른 이들과 같이 본질상 진노의 자녀이었더니" 엡 2:2-3.

이것은 중생하지 않은 사람의 죽어 가고, 마비되고, 치명적인 상태에 대해 성경 전체에서 발견할 수 있는 가장 생생하고 상세한 묘사다.

중생하지 않은 사람들은 원수의 영향 아래에 있으며, 육체의 욕망과 몸과 마음의 욕구를 성취하고자 한다. 이것은 단지 완악한 범죄자 혹은 확신에 찬 쾌락주의자에 대한 묘사가 아니다. 예외 없이 모든 사람이 이런 방식으로 산다. 온 세상이 통상적으로 자연적으로 이런 타락한 풍조에 의해 산다.

그러나… 하나님이 우리를 살리셨다

이 모든 묘사들은 새 탄생 전의 행동에 초점을 맞추고 있다. 우리를 중생으로 데리고 가는 것은 에베소서 2장의 그 다음 단어 "그러나"but이다. 이 단어는 구속의 메시지 전체를 포착하고 요약하기 때문에 나를 전율시킨다. 바울은 이렇게 쓴다.

"[그러나][3) 긍휼이 풍성하신 하나님이 우리를 사랑하신 그 큰 사랑을 인하여 허물로 죽은 우리를 그리스도와 함께 살리셨고" 엡 2:4-5.

바울은 여기에서 새 탄생을 말하기 위해 다소 모호한 단어를 사용한다. "살리셨고"에 해당하는 "quickened" KJV라는 단어다. 성경적으로 말해서 이 단어는 빨리 가도

---

3) 이 말은 개역개정에는 번역되어 있지 않다. - 역자 주

록 한다는 게 아니라, 그것이 살아나도록 한다는 의미다.

우리는 사도신경에서 예수님이 다시 오실 때 그분이 "산 자와 죽은 자"the quick and the dead를 심판하실 것이라고 말한다. 그것은 빠른quick 것과 느린slow 것을 말하지 않는다. 거기에서 대조시키고 있는 것은 살아 있는 사람들과 죽은 사람들이며, 그것이 바로 사도 바울이 여기 에베소서에서 대조시키는 것이다. 한때 우리는 영적으로 죽었었지만 하나님이 우리를 살리셨다. 그분은 우리를 살아나게 만드셨다. 그분은 우리를 죽음의 상태에서 끌어내셨다. 그분이 이렇게 하는 과정이 중생이며, 새 생명의 시작인 것이다.

게다가 중생은 하나님이 이루시는 것이며, 오직 하나님만이 이루시는 것이다. 죽은 사람이 자기 스스로 죽은 사람 가운데서 일어날 수는 없다. 우주에서 죽음에게 발휘될 수 있는 유일한 권세는 하나님의 권세다. 오직 하나님 한 분만이 무無에서 유有를, 죽음에서 생명을 가져오실 수 있다. 죽은 사람은 죽은 채로 있는 것 외에는 아무것도 할 수가 없다. 우리가 다시 사는 것, 우리를 완전히 새로운 생명으로 데려가고, 우리가 새로운 피조물이 되도록 만든 그 첫 단계는 전능하신 하나님의 행동에 의해 이루어진 것이다.

그리스도인들이 평소에 흔히 쓰지 않지만 중생에서 하나님의 활동을 이해하는 데 대단히 중요한 두 개의 단어가 있다. 그것은 '단동설'[4] monergism과 '공동설' 혹은 '신인협력설'[5] synergism이다. 이 말이 무슨 의미인지 좀 더 잘 알 수 있도록 이 단어들을 세분해 보겠다.

'단동설'을 뜻하는 'monergism'에서 'mon'이라는 접두어는 '하나', '단일한 어떤 것'이라는 의미다. 'erg'는 '노동' 혹은 '일의 단위'다. 이 어원에서 '에너지' energy라는 단어가 나온 것이다. 그래서 그것을 모아 보면 문자적

---

4) 중생 과정에서 성령이 인간의 의지와는 관계 없이 작용한다는 설 - 역자 주
5) 회심이 하나님의 은혜와 인간의 의지와의 협력에 의해 이루어진다는 설 - 역자 주

으로 '하나의 일'이라는 의미다. 따라서 'monergistic'한 일은 한 쪽이 과업을 수행하는 일이다.

'신인협력설'을 뜻하는 synergism에서 'syn'이라는 접두어는 '같이' with 혹은 '…와 함께' together with라는 의미다. 그래서 'synergistic'한 일은 둘 이상의 사람이 함께 일하여 과업을 완성시키는 것이고, 협력적인 일을 말하는 것이다.

이것이 어떻게 신학에, 그리고 중생에 대한 우리의 논의에 적용될 수 있을까? 그것은 바로 영적 새 탄생은 공동적인 일이 아니라 단동적인 일이라는 것이다.

새 탄생은 하나님에 의해서만 이루어진다. 앞에서 말했듯이 죽은 사람은 자신이 부활하는 일에 협력할 수가 없다. 예수님은 나사로의 무덤에 가셔서 "나사로야, 네가 최근에 죽은 바람에 생긴 불쾌한 일들을 수습하도록 나를 도와주어야겠다."고 말씀하지 않으셨다. 예수님은 나사로에게 그런 식으로 말씀하지 않으셨다. 나사로는 무력하고 절망적이었다. 그는 죽어 있었기 때문이다. 사람을 영적 죽음에서 생명으로 옮기는 것은 오직 하나님만이 하실 수 있다.

하나님이 우리를 살아나게 하신 다음에 그때 우리가 관여되어야 한다. 우리는 믿고, 회개하고, 하나님의 것들을 추구해야 한다. 하지만 하나님이 우리를 살아나게 하기 전에는 우리는 이런 일들을 할 수가 없다. 하나님이 주도권을 쥐셔서 우리 마음의 성향들을 바꿔놓으시고 영혼을 다시 살리시게 해야 한다. 우리가 그리스도를 받아들이고 회개함으로 그분께 피하는 반응을 보일 수 있도록 말이다.

요점은 주도권은 하나님이 갖고 계신다는 것이다. 구원은 주님의 것이다. 당신이 최근에 그리스도인이 되었다면, 그리고 당신에게 일어난 일을 이해하려 애쓰고 있다면 이 점을 그리스도인이 된 초기에 이해하는 것이 무척 중요하다고 생각한다. 당신이 하나님과 처음으로 동행하기 시작했을 때 확증된 하나님의 은혜를 제대로 인식하도록 하기 위해서다.

하나님이 중생을 이루신다

얼마 전에 나는 미시시피 잭슨에서 열리는 남자 성도 모임에서 말씀을 전해 달라는 부탁을 받았다. 내가 방문할 날이 가까워 오자, 그 모임의 후원자들이 나에게 원하는 것은 평범한 교육 강연이 아니라 전도 설교라고 알려 주었다. 설교가 끝나면 믿음에 헌신하라는 초청을 해야 했다. 이런 말을 들었을 때 엄청난 두려움으로 가득 차 완전히 경직되어 버리는 강사가 있다면 바로 나였다. 나는 하나님이 전도자로 사용하시는 사람들에 대해 무한히 감탄해 왔다. 하지만 나는 전도자가 아니라 교사다.

나는 그들에게 전화를 걸어 아무래도 내가 적임자가 아닌 것 같다고 말했다. 나는 그들에게 하나님이 나의 가르침은 축복하셨지만, 전도 설교를 할라치면 아무도 진심으로 반응을 보이지 않는다고 말했다. 마치 하나님이 내 귀에 속삭이시면서 "이봐, 그건 네 은사가 아니야."라고 말씀하시는 것 같았다. 하지만 그들은 내가 안 되겠다고 해도 막무가내였다.

그래서 나는 설교 후 헌신 초청을 했다. 수천 명이 반응을 보인 것은 아니었지만, 놀랍게도 몇몇 사람들이 처음으로 그리스도께 자신의 삶을 헌신했다. 후에 나는 그 행사를 마련한 사람들과 앉아서 말했다.

"여기에서 무슨 일이 일어났는지 아시겠습니까? 우리가 이 모임에 관여하는 동안, 그리고 내가 말씀을 전하고 성경을 읽는 동안 우주의 창조주께서 그 방으로 오셔서 은밀하고, 신비롭고, 초자연적으로 거기 있는 사람들의 영혼을 변화시키셨습니다."

나는 그들에게 말했다. "그런 일이 일어난 겁니다. 그리고 하나님이 그 일을 하셨습니다."

그날 밤 복음에 반응했던 그 사람들은 자신들이 고백한 신앙을 실제로 소유한 그만큼, 영혼 깊은 곳이 변화되었다. 그들은 세상 풍조에서 새로운 길로, 그리스도인의 삶의 길로 방향을 틀었다. 그날 밤 성령님에 의해 영적으로 거듭난 사람들에게, 그 모임은 새로운 시작이었다. 새 탄생을 경험한 모든 사람들에게도 마찬가지다. 그것은 그리스도인의 삶의 시작이다.

중생은 하나님의 전능하신 권능, 아무것도 압도하거나 저항할 수 없는 권능의 역사다. 하나님이 어떤 사람에게 숨을 불어넣어 죽은 자 가운데서 다시 살리신다면, 그 사람은 죽은 자 가운데서 다시 살아난다. 이 권능이 발휘될 때는 겨룰 것이 없다. 하나님은 주권적으로 사울과 대면하셨으며, 주권적으로 그를 변화시키시고 구속하셨다. 하나님이 당신을 위해서도 똑같은 일을 하셨는가?

Chapter **4**

거듭남은 하나님의 주권적 역사다

히브리인 중의 히브리인 | 그리스도가 사울과 대면하심 | 하나님은 당신을 대면하셨는가?

… What Does It Mean to Be Born Again?

Chapter 4 거듭남은
하나님의 주권적 역사다

좀 이상하게 생각될 만한 신학적인 표현이 있다. "중생이 믿음에 선행한다."는 말이다. 우리는 중생 혹은 영적 재 탄생이 그리스도인의 삶의 시작이라는 것을 보았다. 중생이 첫 단계라면, 분명 두 번째 단계 전에 와야 한다. 영적으로 죽은 사람들이 갑자기 믿음이 생겨서 하나님으로부터 중생을 받는 경우는 없다. 오히려 믿음은 하나님이 우리 마음속에서 이루시는 중생의 열매다.

"허물로 죽은 우리를 [하나님이] 그리스도와 함께 살리셨고" 엡 2:5.

우리는 거듭났다 중생했다. 그다음에 믿음에 이르렀고, 그다음에 의롭다 함을 받았다. 그리고 그다음에 평생에 걸쳐 성화 과정을 경험한다 롬 8:30. 이 모든 사건들이 그리스도인의 삶 전체를 구성한다. 하지만 출발점, 그 연쇄 작용의 첫 번째 행동은 모두 하나님으로부터 나온다. 앞에서 보았듯이 그것은 단동적 사역이다.

간단히 말해서, 중생은 하나님의 주권적인 역사다. 다시 말하면, 하나님은 하나님의 때에 그분의 방식으로 중생을 이루기 위해 당신에게 하나님의 권세와 권위를 행사하신다. 내가 이것을 강조하는 이유는 많은 사람들이 중생을 단순히 하나님이 우리가 방향을 바꿔 그분의 지휘 아래에 들어오라고 조르거나 부추기는 도덕적 설득 행위로만 이해하기 때문이다.

나는 어거스틴 및 다른 기독교 신앙의 거장들의 견해를 따라 중생은 단지 하나님이 우리에게서 멀리 떨어져 계시면서 우리에게 그분께 나아오라고 설득하시려는 것이 아니라, 하나님이 우리 안으로 오시는 것이라고 말하고 있는 것이다.

그분은 영혼에 침입해 들어오신다. 우리가 그리스도께 나아갈 수 있기 전에 마음에서 실질적인 변화가 있어야 하기 때문이다. 우리가 하나님의 것들을 바라기 위해서 우리는 살아나야 하고, 살아나기 위해서는 하나님의 주권적인 행동이 요구된다.

히브리인 중의 히브리인

사도행전 9장에서 우리는 교회 역사상 가장 유명한 회심 기록을 보게 된다. 그것은 후에 사도 바울이 된 사람인 사울의 회심이다. 신약은 지혜로운 자들과 위대한 자들 가운데 기독교 교회의 토대가 되도록 하나님의 부르심을 받은 사람들은 많지 않다고 가르친다 고전 1:26-27.

그보다 초대 교회는 주로 억압된 사람들, 가난한 사람들, 착취 당하는 사람들, 넉넉지 못한 사람들로 구성되어 있었다. 교회를 설립하기 위해 부유하고, 권세 있고 유명한 사람들을 선택하지 않는 것이 대체로 하나님의 계획의 일환이었다. 하지만 성경은 지도자 지위에 있거나 높은 지위를 가진 사람 중에서 그런 사람들이 '없다'고 말하지 않고 '많지 않다'고 말한다. 그런 배경을 가진 사람 중 한 명이 다소의 사울이었다.

사울은 상인 가정 출신으로 비범한 고등 교육을 받았다. 어떤 전문가들은 사울이 다메섹 도상에서 그리스도를 만나 회심하지 않았다면, 하나님이 그가 원래 추구하던 길을 가도록 내버려두셨다면 그의 이름은 현대 사회에까지 알려졌을 것이라고 주장했다. 그는 1세기에 가장 많은 교육을 받은 사람 가운데 하나였기 때문이다.

사울은 가말리엘 문하의 뛰어난 학생, 예루살렘의 지도적 랍비였다. 그는 21살 때 두 개의 박사 학위에 해당하는 것을 가지고 있었다. 젊은 시절 그는 혜성처럼 나타나 이스라엘의 정치적, 신학적, 교회적으로 권위 있는 위치에 올랐다.

사울은 학식과 교양을 갖추었을 뿐만 아니라 대단히 열정적인 사람이었고, 열심당이기까지 했다. 그는 자신이 "내 조상의 전통에 대하여 더욱 열심이"갈 1:14 있었다고 말했으며, "히브리인 중의 히브리인"빌 3:5이었다고 말한다. 그의 말이 무슨 의미인지 아주 확실히 알지는 못하지만, 그가 자신을 유대인들의 언어에서 '왕 중의 왕' 혹은 '주의 주'라는 용어와 비슷한 최상급으로 묘사하고 있다는 것은 안다. 다시 말하면, 사울은 타의 추종을 불허하는 사람이었다. 그는 올라갈 수 있는 가장 높은 수준에 도달한 사람이었다.

사울은 또한 모세 율법을 엄격하게 지키는 보수적 유대

지도자 집단인 바리새인이었다 빌 3:5. 초대 교회 시절의 한 전승을 보면 바리새인 가운데는 내부의 핵심 집단이 있었는데, 그들은 자신들 중 한 명이 만 하루 동안 모든 잡다한 율법들을 완벽하게 지키기로 헌신하고 실제로 지킨다면, 하나님이 그것을 보시고 메시아를 보내실 거라는 믿음을 지니고 있었다고 한다.

그래서 바리새인들 가운데는 온갖 자기 부인과 금욕주의를 실천한 소수의 열심당들이 있었다. 그들은 율법의 모든 세부사항들을 24시간 동안 완벽하게 지키기 위해 그 사항들을 열심히 꼼꼼하게 연구했다. 어떤 사람들은 사울이 이러한 열심 있는 바리새인 중 한 명이었다고 추측했다.

우리는 사울이 스데반을 돌로 치는 사람들의 옷을 갖고 있을 때 처음으로 그를 만난다 행 7:58. 사도행전 8-9장에 보면 사울은 그의 열정을 초기 단계의 교회에 대한 투쟁적 적대감으로 바꾸고 있다. 그는 기독교를 정통 유대교에 대한 심각한 왜곡이라고 보기 때문이다. 그는 기독교 운동을 구약성경의 성취로 보는 것이 아니라, 그에게 소중한 모든 것을 훼손하는 것으로 본다. 그래서 사울은 유대 종교 당국과 협력하여 그리스도인들을 공식적으로 기소한다. 그는 예수님과 예수님이 의미하는 모든 것에 대한 적대감으로 가득 차 있었다.

그리스도가 사울과 대면하심

하지만 사도행전 9장에 가면 모든 것이 변한다. 9장은 이런 말로 시작된다.

"사울이 주의 제자들에 대하여 여전히 위협과 살기가 등등하여 대제사장에게 가서 다메섹 여러 회당에 가져갈 공문을 청하니 이는 만일 그 도를 따르는 사람을 만나면 남녀를 막론하고 결박하여 예루살렘으로 잡아오려 함이라" 행 9:1-2.

사울이 씩씩거리며 내뱉는 모든 숨결은 신자들의 생명에 대한 일종의 악마적 위협이었다. 예루살렘에 있는 신자들뿐만이 아니었다. 그는 자신이 다메섹 그리스도인들을 조사하고, 기소하고, 박해할 수 있도록 대제사장에게 공식적인 증거 서류를 요청했다. 그는 저 다메섹까지 가서 이 기독교라는 이단에 물들었을 사람들을 찾아내고자 했다.

이것은 경찰관이 법원 명령을 얻으러 재판관에게 가는 것과 비슷했다. 사울은 그리스도인들을 남녀를 막론하고 끝까지 추적해서 그들을 사슬에 묶어 예루살렘으로 데려오고 싶어했다.

하지만 사울은 결코 다메섹에서 이러한 임무를 수행하지 못했다.

"사울이 길을 가다가 다메섹에 가까이 이르더니 홀연히 하늘로부터 빛이 그를 둘러 비추는지라 땅에 엎드러져 들으매 소리가 있어 이르시되 사울아 사울아 네가 어찌하여 나를 박해하느냐 하시거늘 대답하되 주여 누구시니이까 이르시되 나는 네가 박해하는 예수라 너는 일어나 시내로 들어가라 네가 행할 것을 네게 이를 자가 있느니라 하시니" 행 9:3-6.

성경에서 중생이 주권적 행동이라는 증거가 있다면 이 사건이 바로 그것이다. 사울은 그의 삶에 하나님이 이렇게 놀랍게 개입하시게 할 만한 아무런 일도 행한 것이 없었다. 그의 일이나 삶에는 하나님이 이렇게 자비로운 방문을 하시게 할 만한 아무 공로도 없었다. 그에게는 결함이 매우 많았다. 그렇지만 예수님은 사울에게 친히 오셨다. 그리고 사울은 주권적으로 효과적으로 그 자리에서 회심했다.

후에 사도 바울로서 글을 쓰면서 그는 예수님이 이렇게 말씀하셨다는 것을 기억했다.

"…사울아 사울아 네가 어찌하여 나를 박해하느냐 가시채를 뒷발질하기가 네게 고생이니라" 행 26:14.

이것은 좀 이상한 이미지다.

고대 사회에서는 황소를 이용해서 짐 마차를 끌 때 황소들이 노새들처럼 고집을 부리는 경우가 있었다. 그러면 황소를 모는 사람들은 그 황소를 움직이게 하려고 소의 등에 채찍질을 했다. 때때로 소들이 절대로 움직이고 싶지 않고 아픈 채찍을 맞는 것이 화가 나면, 뒷발을 들어 발길질을 하곤 했다. 그 발길질로 어쩌면 마차를 박살낼 수도 있었다. 그래서 사람들은 마차 앞에 소의 가시채를 두기 시작했다.

소 가시채에는 강하고 날카로운 못이 박혀 있어 소의 발굽을 상하게 하고, 발로 차지 못하게 한다. 하지만 때로 특별히 우둔한 소는 "가시채를 뒷발질"한다. 가시채를 한 번 뒷발질하다가 고통을 느끼면 소는 더 화가 나게 되고,

그러면 다시 더 세게 찬다. 더 세게 찰수록 소는 더 고통을 느끼며, 고통을 느낄수록 더 화가 난다. 그리고 더 화가 날수록 더 차서 그 소는 가시채와 싸우느라 완전 피투성이가 되고 만다.

예수님은 이렇게 말씀하고 계신 것이다.

"사울아, 너는 어리석은 소 같구나. 왜 나를 핍박하느냐? 넌 이길 수 없다. 넌 소가 가시채의 못을 발길질하는 것처럼 행동하고 있다."

사울이 땅에 엎드려 있을 때 그는 밝은 빛을 올려다보았으며 "주여 누구시니이까"^{행 9:5}라고 물어보았다. 그는 누가 자신을 멈추게 했는지 몰랐다. 하지만 그는 그 빛이 주님임이 분명하다는 것을 알았다. 어느 누구도 한낮에 사막에서 불타오르는 찬란한 영광의 빛을 비출 수는 없을 것이기 때문이다. 그에게 말씀하고 계신 분은 분명 주님일 것이다.

예수님은 대답하셨다. "…나는 네가 박해하는 예수라

너는 일어나 시내로 들어가라 네가 행할 것을 네게 이를 자가 있느니라…"행 9:5-6.

하나님은 당신을 대면하셨는가?

아마 당신은 다메섹 도상의 밝은 빛을 한 번도 본 적이 없을 것이다. 아마 당신은 땅에 엎드러진 적이 한 번도 없을지 모른다. 확신하건대 당신은 하늘로부터 귀에 들리는 음성을 한 번도 듣지 못했을 것이다. 사울의 경우 그러한 것들은 새 탄생의 내적이고 신비한 사역의 외적 표현이었을 뿐이다. 하지만 당신이 정말 거듭났다면 그날 다메섹 도상에서 나타난 것과 동일한 주권적 능력과 권위가 당신의 영혼 속에서 역사해 왔다.

중생은 하나님의 전능하신 권능, 아무것도 압도하거나 저항할 수 없는 권능의 역사다. 하나님이 어떤 사람에게 숨을 불어넣어 죽은 자 가운데서 다시 살리신다면, 그 사람은 죽은 자 가운데서 다시 살아난다.

　이 권능이 발휘될 때는 겨룰 것이 없다. 하나님은 주권적으로 사울과 대면하셨으며, 주권적으로 그를 변화시키시고 구속하셨다. 하나님이 당신을 위해서도 이와 같은 일을 하셨는가?

자신들이 언제 거듭났는지 알지 못하는 사람들이 많이 있다.

하지만 언제 어떻게 그리스도인이 되었는지 아는 것은 중요하지 않다. 중요한 것은 당신이 거듭났는가, 아닌가 하는 것뿐이다. 이것은 양자택일적 상황이다. 당신은 영적으로 죽어 있거나 아니면 하나님의 것들에 대해 살아 있거나 둘 중 하나다. 당신은 중생하지 않았거나 중생했거나 둘 중 하나다. 그 중간 단계는 없다.

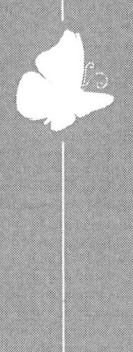

Chapter 5
거듭남은 즉각적이다

거듭남은 순간적으로 일어난다 | 거듭남은 어떤 수단 없이 이루어 진다 | 두 번째 손길 | 은혜 안에서 성장하는 것은 중개에 의한 것이다 | 하나님과 함께 일해야 한다

What Does It Mean to Be Born Again?

Chapter 5   거듭남은 즉각적이다

내가 어린 시절 밖에서 놀고 있을 때 어머니는 "R. C. 야, 어서 들어와 저녁 먹으렴." 하고 부르시곤 했다. 어머니는 두 번 그렇게 말씀하셨다. 하지만 그러고 나서 내가 꾸물거리면서 엄마의 인내심을 시험하면, 어머니는 한 마디 한 마디 힘주어 강조하면서 이렇게 말씀하곤 했다. "이보게 젊은이, 지금 당장 집 안으로 들어오는 게 좋을 거야!" 그 말을 들을 때면 나는 지체 없이 집 안으로 들어가야 한다는 것을 알았다.

신학에서 우리는 중생이 '즉각적'immediate이라고 말한다. 그 말은 중생이 즉석에서 당장 일어난다는 말이다. 하지만 이 경우 '즉각적'이라는 말의 의미는 시간적 의미 이상의 것이다. 중생이 즉각적이라는 것은 아무 수단 없이, 사이에 끼어드는 매체 없이 일어난다는 의미이기도 하다.

거듭남은 순간적으로 일어난다

앞에서 내가 갑작스럽게 회심을 경험했다고 말한 바 있다. 하지만 다른 사람들은 보통 점진적이고 장기적인 회심 경험을 한다. 그들은 심지어 어느 해에 자신이 그리스도인이 되었는지도 모르는 경우가 있다. 그들은 "나는 회심을 언제 경험했는지 몰라. 몇 년 동안 서서히 일어났거든."이라고 말한다.

그렇다면 나는 왜 중생이 순간적으로 일어난다고 주장하는가? 그 열쇠는 '회심 경험'이라는 말에 대한 나의 용법에 있다. 나는 우리가 인식하는 그 경험에 대해 말하고 있는 것이다.

나는 그리스도인이 되는 것에 대한 우리의 인식은 돌연하고, 갑작스러우며, 순간적이라고 생각한다. 한편 또 어떤 사람은 "나는 내가 그리스도인이 되었다는 걸 차차 인식했어."라고 말할 수 있을 것이다. 그래서 우리는 하나님이 우리 안에서 하고 계시는 것에 대한 우리의 개인적 인식과 그 행동 자체를 구분할 수 있다.

1980년대 영화 중에 '크로커다일 던디'Crocodile Dundee라는 영화가 있었다. 이 영화는 호주의 오지에서 뉴욕 시로 온 한 사람의 모험을 그린 영화였다. 그 사람이 뉴욕에 도착했을 때 기자 한 명을 만났다. 그 기자는 그에게 이렇게 물었다.

"몇 살이신가요?"

"몰라요."

"모른다고요? 어떻게 모를 수가 있지요?"

"글쎄요, 나를 아는 부족 추장에게 내가 언제 태어났느냐고 물어봤더니 여름에 태어났다고만 했어요."

크로커다일 던디는 자신이 언제 태어났는지 정확하게 알지 못했다. 하지만 그것은 그가 생일이 없다는 의미는 아니다. 그가 태어나지 않았던 때가 있었고, 그가 태어난 때가 있었다. 그리고 한 상태에서 다른 상태로의 변화는 거의 순간적으로 일어났다. 그는 단지 언제 그 일이 일어났는지 정확히 알지 못할 뿐이다. 마찬가지로, 자신들이 언제 거듭났는지 알지 못하는 사람들이 많이 있다.

하지만 언제 어떻게 그리스도인이 되었는지 아는 것은 중요하지 않다. 중요한 것은 당신이 거듭났는가, 아닌가 하는 것뿐이다. 이것은 양자택일적 상황이다. 당신은 영적으로 죽어 있거나 아니면 하나님의 것들에 대해 살아 있거나 둘 중 하나다. 당신은 중생하지 않았거나 중생했거나 둘 중 하나다. 그 중간 단계는 없다. 그것은 마치 임신과도 같다. 어느 누구도 '거의 임신한 사람'은 없다. 마찬가지로, 어느 누구도 '거의 중생한 사람'은 없다. 중생했거나 중생하지 않았거나 둘 중 하나다.

거듭남은 어떤 수단 없이 이루어진다

중생은 순간적이다. 하지만 중생이 즉각적이라고 말할 때 나는 그 이상을 말하고 있는 것이다. 나는 하나님이 당신을 영적 생명으로 데려오실 때 그분 자신이 그 일을 하시는 것 외에는 어떠한 수단도 사용하지 않으신다고 말하고 있는 것이다. 의사가 당신에게 처방전을 주어 어떤 병을 치료할 때, 그가 당신을 회복시키기 위해 사용하는 수단은 약이다. 하지만 영적 죽음 상태에 대한 치료인 중생은 약을 써서 되는 것이 아니다. 위대한 의사이신 분이 즉각적으로 치유해 주신다.

마가복음에는 예수님이 행하신 인상적인 치유 이야기가 포함되어 있다. 그것은 즉각적인 치유의 예가 아니라, 수단을 사용한 치유의 예다. 거기 보면 이렇게 되어 있다.

"벳새다에 이르매 사람들이 맹인 한 사람을 데리고 예수께 나아와 손대시기를 구하거늘" 막 8:22.

분명 이 맹인에게는 그에게 관심을 갖고 마음을 쓰는 친구들이 있었다. 그리고 그들은 예수님의 기적 활동에 대해 듣고 자신들의 친구를 그분께 데려가기로 했다. 그들은 이 맹인이 예수님의 초자연적 권세로부터 유익을 얻는 것을 보고 싶어 했다. 그런데 예수님은 이상한 일을 행하셨다.

"예수께서 맹인의 손을 붙잡으시고 마을 밖으로 데리고 나가사…" 막 8:23.

한번 상상해 보라. 보통 누군가가 예수님께 와서 이렇게 말할 것이다. "다윗의 아들 예수여, 제게 자비를 베푸소서." 그러면 예수님은 그 말을 듣고 이렇게 대답하실 것이다. "그렇게 하겠다. 평안히 가라." 다시 말해, 예수님은 그 자리에서 바로 그 사람을 치유하셨다.

하지만 이 경우 예수님은 그 사람을 무리로부터 떼어놓으셔서 그가 고침 받은 것이 사람들의 구경거리가 되지 않게 하셨다. 게다가 예수님은 그의 '손을 붙잡으시고' 인도하셨다. 은혜는 절대 이 이상 더 부드러울 수가 없었을 것이다. 성육신하신 하나님이 맹인을 치유해 주시기 위해 손을 붙잡고 남의 눈에 안 띄는 곳으로 가신다. 예수님은 그 맹인의 존엄성에 대해 얼마나 큰 관심을 가지고 계신가.

그 사람이 친구들에게 얼마나 여러 번 이끌림을 받았을까 하는 생각이 든다. 그는 다른 사람들이 그를 인도하는 것을 신뢰해야 했다. 그가 그런 상황들에서 얼마나 무력

했는지 생각해 보라. 하지만 이제 그는 예수 그리스도의 이끌림을 받고 있었다. 그의 평생에서 그보다 더 신뢰할 수 있는 인도자는 한 번도 없었다. 마가는 그러고 나서 덧붙인다.

"…눈에 침을 뱉으시며 그에게 안수하시고 무엇이 보이느냐 물으시니" 막 8:23.

나는 예수님이 이 맹인의 존엄성을 보호하기 위해 비상한 노력을 하셨다는 것을 방금 상세히 논했다. 그런데 예수님은 그 맹인이 지켜보는 무리들의 시야에서 벗어나자마자 그의 눈에 침을 뱉으셨다. 우리 문화에서는 그것은 굴욕을 주기 위한 모욕적인 행동이었을 것이다. 하지만 명백히 예수님의 의도는 그런 것이 아니었다. 예수님이 그 맹인의 눈에 침을 뱉고 안수하셨을 때 그분은 접촉을 통해 그 사람과 소통하셨다.

이 이야기는 요한복음 9장에 나온 기사와 비슷하다. 거기서도 역시 예수님이 침을 이용해서 맹인을 고치신 것에 대해 말한다. 하지만 그 경우에 예수님은 그 사람의 눈에 침을 뱉지 않으셨다. 그보다 침을 흙과 섞어서 진흙을 만드시고, 그 사람을 고치기 위해 그 진흙을 그의 눈에 조금 바르셨다.

이 사건들에서 무슨 일이 일어나고 있었는가? 예수님은 자기 어머니가 나사렛에서 가르쳐 준 맹인을 고치는 민간요법을 사용하고 계셨는가? 아니었다. 침이나 진흙에는 특별한 치료 능력은 없었다. 나는 왜 예수님이 이러한 방법들을 사용하셨는지는 모르겠다. 하지만 예수님이 그런 수단들 없이 행하셨던 수많은 치유들로 미루어 볼 때, 이 사람들에게 시력을 주시기 위해 침이나 진흙이 필요하지 않으셨다는 것은 안다.

시력을 주는 능력은 침이나 진흙에 있는 것이 아니었다. 다시 말해, 예수님은 두 경우 모두 수단들을 사용하시긴

하셨지만, 그 능력은 수단에 있는 것이 아니라 수단 배후에 있는 '하나님의 권능'이었다.

좀 이상한 일이 일어났다. 예수님은 그 맹인의 눈에 침을 뱉으시고, 그에게 안수하시고 물으셨다. "무엇이 보이느냐"막 8:23. 그 사람은 눈을 뜨고 말했다. "사람들이 보이나이다 나무 같은 것들이 걸어가는 것을 보나이다"막 8:24.

이것은 현저한 개선이었다. 그 사람은 그리스도를 만나기 전에는 무엇이 걸어가는지 보지 못했다. 이 사람은 완전히 눈이 멀었었다. 이제 그는 적어도 어렴풋한 그림자 같은 형태들이 움직이는 것은 보았다. 그 사람은 이것으로 만족했어야 하지 않을까?

나는 나무처럼 보이는 사람을 한 번도 본 적이 없지만, 사람처럼 보이는 나무는 본 적이 있다. 내가 자랄 때 다니던 식품점 뒤에는 큰 떡갈나무가 있었다. 그리고 매일 밤 어둠이 내린 후 달빛 아래 나는 우리 집으로 가기 위해 그 가게 뒤 숲길을 통과해서 가야 했다. 나는 고개를 들어 이

거대한 나무의 윤곽을 보았다. 그것은 마치 나를 붙잡으려고 적개심에 불타는 수백 개의 팔들이 뻗어 있는 것 같았다. 나는 그 나무가 특별히 기괴하고 위협적인 사람처럼 보여서 그 나무를 지나갈 때는 뛰어서 지나갔다. 하지만 나는 나무처럼 보이는 사람은 한 번도 본 적이 없다.

두 번째 손길

그다음에 무슨 일이 일어났는가?

"이에 그 눈에 다시 안수하시매 그가 주목하여 보더니 나아서 모든 것을 밝히 보는지라" 막 8:25.

이처럼 예수님의 두 번째 손길이 닿은 후에 그 사람의 시력은 완전히 회복되었다. 이 이야기의 요점은 중생에 대해 가르치려는 것이 아니다. 단지 눈이 멀어 고생하던 사람을 고치는 것에서 그리스도의 능력이 나타난 역사적 사건을 기록하려는 것이다. 하지만 이 사건에서 이끌어낼 수 있는 몇 가지 원리와 그리스도인의 삶에 대한 적절한 비유가 하나 있다.

우선 중생은 점진적인 것이 아니다. 사람의 마음이 돌에서 육으로 변화되기 위해 그리스도의 손길이 두 번 필요한 것도, 사망에서 생명을 가져오기 위해 하나님의 손이 두 번 닿아야 되는 것도 아니다. 한 번이면 족하다.

하지만 우리가 거듭났을 때, 영적으로 깨어났을 때 모든 죄에서 순간적으로 다 고침 받지는 않는다는 사실을 깨달았는가? 다시 말하지만, 새 탄생은 시작이다. 하지만 우리는 여전히 죽음의 몸을 지니고 있다. 그 몸은 하나님의 영이 우리 안에 만드신 생명에 대항하여 싸우고 발길질한다. 영적으로 우리가 다시 태어났을 때 처음에 바랄 수 있는 최선의 것은 사람들이 나무처럼 걸어가는 것을 보는 것이다.

과거 '나는 찾았네' I Found It라는 범퍼스티커 열풍이 최고조에 달했을 때, 나는 그 스티커를 볼 때마다 짜증났다. 그 표어가 무슨 의미인지는 알았다. 사람들은 자신들이 이 우주에서 가장 귀한 것을 발견했노라고 말하고 있었다. 하지만 신약이 하나님과 하나님의 나라를 구하는 것에 대해 말할 때, 그것은 그리스도인들과 관련되어 있다. 하나님을 탐구하는 것, 그분을 추구하는 것은 새 탄생 때부터 시작된다.

탐광자가 광상에 박힌 금괴를 발견했을 때 그는 그곳을 더 이상 찾아보지 않는가? 그렇지 않다. 그는 그 어느 때보다 더 열심히 찾아볼 것이며, 자신이 첫 번째 금괴를 발견한 바로 그 장소를 들여다볼 것이다. 금괴가 하나 있다면 분명 더 많은 금괴가 거기 있을 거라고 생각하기 때문이다. 마찬가지로 새 생명을 경험할 때 우리는 새 생명을 더 많이 원한다. 우리는 더 자라기를 원하고, 온전한 성숙함에 이르기를 원한다.

그 맹인은 사람들이 걸어 다니는 것을 보았을 때 분명 전율을 느꼈을 것이다. 하지만 나는 그가 떨리는 목소리로 이렇게 말하는 것을 볼 수 있다. "예수님, 예수님이 여기 계시는 동안 저를 한 번 더 만져 주실 수 있나요? 전부 다 보고 싶어서요." 그래서 예수님은 그를 한 번 더 만져 주셨으며, 모든 것이 명확하게 보이게 되었다. 이제 그는 사람들은 사람들이 걸어가는 것처럼, 나무들은 나무들이 바람에 흔들리는 것처럼 볼 수 있다. 이제 그는 사람과 나무를 구분할 수 있다. 더 명확히 보았기 때문이다.

은혜 안에서 성장하는 것은 중개에 의한 것이다

신약은 종종 눈이 먼 것을 영적 죽음에 대한 비유로 사용한다. 비유를 해보겠다. 중생은 빛을 받는 것과 어느 정도 비슷하다. 우리는 어둠의 장막에 싸여 있었다. 그런데 빛이 우리의 삶에 파고 들어옴으로 우리는 갑자기 하나님

안에 있는 달콤함을 맛보게 된다. 그리고 그 아름다움을 인식하지 못하는 다른 사람들에게는 감춰져 있는 것들을 우리는 기뻐한다.

당신은 왜 당신이 신앙에 대해 그처럼 신나 하는지 이해하지 못하는 친구가 있는가? 그들은 그것을 도저히 보지 못하며, 그것을 이해할 수가 없다. 그들은 당신이 뭘 이야기하고 있는지 깨닫지 못한다.

하지만 심지어 우리도 그것을 완벽하게 보지는 못한다. 우리는 시력을 더 강화시켜야 한다. 우리가 아무 수단의 도움도 없이 하나님의 주권적 권능으로 거듭났을 때 그것은 단지 시작일 뿐이다. 그때에 우리는 영적으로 성장하는 삶을 시작한다.

보다 분명하게 보기 위해 우리는 무엇을 해야 하는가? 나는 예수님께 오셔서 내 눈을, 아니면 좀 더 적절하게 말하면 내 마음이나 영혼을 다시 만져 달라고 요청할 수는 없다. 그분은 그분의 영을 통해 임재하시지만, 우리가 성숙하게 자라는 일은 우리가 반드시 사용해야 하는 수단에 의해 일어난다. 즉, 영적 성장은 즉각적인 것이 아니라 중개에 의한 것이다. 영적 성장은 우리가 은혜의 수단이라고 부르는 것, 즉 성경, 기도, 교제, 교회 참여 등을 사용하라고 요구한다.

성장하고 싶은가? 당신의 시야가 더 명확해졌으면 하는가? 그러면 부지런히 성경을 연구하는 훈련을 해야 한다. 이 책의 내용을 연구하면 당신의 시야와 이해는 명확해질 것이다.

당신이 하나님께 더 가까이 가기 원한다면 그분과 의사소통을 해야 하며, 기도로 시간을 보내는 것이 필요하다. 당신이 성화 가운데 성장하기 원한다면 당신보다 성숙한 그리스도인과 시간을 보내고, 그들과의 교제에서 유익을 얻어야 하며, 교회에 참여해야 한다.

교회의 교인이 된다는 것은 그리스도인에게 해도 되고 안 해도 되는 일이 아니다. 그리스도는 그분의 교회를 설립하셨으며, 그분의 백성들에게 교회의 일원이 되라고 명하신다. 교회에 참여하는 것출석, 교인이 되는 것, 의식, 예배은 은혜의 수단이기 때문이다. 그것은 당신이 자랄 수 있도록 당신의 새 생명이 양육을 받는 수단이다.

하나님과 함께 일해야 한다

간단히 말해, 당신이 어린 그리스도인이 여전히 겪는 혼란들을 넘어서기 원한다면 노력해야 한다. 우리는 중생이 단독적인 일, 하나님 한 분 만의 일이라는 것을 보았다. 하지만 그리스도인의 삶에서 성장하는 것은 공동적인 일이다. 성장하기 위해 우리는 하나님과 함께 애써야 한다. 신약은 무엇이라고 말하는가?

"…두렵고 떨림으로 너희 구원을 이루라" 빌 2:12.

이것은 노력을 하라는 명령이다.

구원 패키지에는 서너 부분이 있다. 그것은 중생으로 시작된다. 하지만 일어나야 하는 것이 있다. 그리고 그것은 우리가 들일 수 있는 모든 노력을 들임으로 일어나야 한다. 우리는 그냥 잠자리에 들면서 "하나님이 주권적으로 나를 다메섹 도상으로 가는 말에서 쳐서 떨어뜨리셨어. 하나님이 시작하셨으니 끝도 맺어 주셔야지. 하나님이 모든 걸 다 하시게 할 거야."라고 말할 수는 없다.

우리는 두렵고 떨림으로 우리 구원을 이루라고 부름 받는다. 협박을 받는다는 의미가 아니라 주의 깊게 부지런히 하라는 의미다.

우리는 일할 때 "너희 안에서 행하시는 이는 하나님이시니 자기의 기쁘신 뜻을 위하여 너희에게 소원을 두고 행하게 하시나니"빌 2:13라는 것을 알게 된다. 하나님이 행하시는 것처럼 우리도 행해야 한다. 이런 식으로 하나님이 당신 안에서 시작하신 일이 완성될 것이다.

당신의 손을 잡으셨고, 당신을 이끌고 가셨고, 당신의 눈에 침을 뱉으셨고, 이전에 당신에게 감춰진 것을 볼 수 있는 시력을 주신 예수 그리스도께서 당신을 거듭해서 만지실 것이다. 당신이 하나님의 것들을 더 분명하고 더 또렷하게 이해하도록 하기 위해서다. 하지만 당신은 하나님과 함께 일해야 한다. 당신의 그리스도인으로서의 성숙도는 이러한 위대한 소명에서 기꺼이 애쓰려는 마음과 정비례할 것이다.

성령님의 임재는 하나님이 언젠가는 그 사람에게 중생에 수반되는 모든 것을 주시겠다는 '보증'이다. 인간들은 때때로 보증금을 걸었어도 거래를 이행하지 못할 때가 있지만, 하나님은 자신이 하시겠다고 말씀하시는 것을 언제나 행하신다. 그분은 계약을, 거래를 완결하신다. 그분은 절대로 계약 이행을 하지 않으시는 경우가 없으시며, 지불을 하지 않으시는 경우가 없다. 성령 하나님이 당신을 다시 살리실 때 당신은 당신의 구원이 영구적이라고 확신할 수 있다.

Chapter **6**

거듭남은 영구적이다

너희는 나를 누구라 하느냐 | 반석인 베드로 | 밀처럼 까부름을
당함 | 부인과 배신 | 새 탄생을 경축하라

What Does It Mean to Be Born Again?

Chapter 6   거듭남은 영구적이다

하나님은 우리의 영적 새 탄생을 가져오실 때 어떤 것도 그 생명을 빼앗아 가도록 허용하지 않으신다. 오히려 하나님은 자신이 살아나게 하신 사람들을 보존하시고 계속 살아 있게 하신다. 그래서 언젠가 하나님은 그들을 중생시키신 그 목표에 이르도록 하신다. 이 때문에 바울은 우리에게 "너희 안에서 착한 일을 시작하신 이가 그리스도 예수의 날까지 이루실 줄을 우리는 확신하노라"빌 1:6고 말한다.

중생 혹은 영적 재 탄생의 교리를 탐구하면서 우리는 지금까지 중생은 필요하고, 신비하며, 시작일 뿐이고, 주권적이며, 즉각적으로 일어난다는 것을 보았다. 이 장에서 나는 우리가 종종 잘 생각하지 못하는 중생의 측면을 탐구하고자 한다. 많은 사람들이 혼동하는 부분인데, 그것은 중생이 영구적이라는 진리다. 중생이 우리에게 달려 있었다면, 우리는 중생을 잃어버릴 수 있는 온갖 방법을 발견했을 것이다. 하지만 하나님은 그런 일이 일어나도록 허용하지 않으실 것이다. 그분은 우리의 구속을 온전히 완성시키실 것이다.

너희는 나를 누구라 하느냐

신약에서 아마 중생의 영구성을 가장 잘 상징하는 사람은 사도 베드로일 것이다. 하지만 베드로는 언제나 베드로라 불리지는 않았다. 그는 예수님이 새로운 이름을 붙여 주시기까지는 바요나 시몬이었다. 이 새 이름을 부여 받게 된 사건은 무엇이었는가?

예수님의 지상 사역 동안 제자들은 예수님과 상당히 많은 시간을 보냈다. 그들은 그분의 활동들을 지켜볼 수 있었다. 그들은 예수님이 병든 자를 고치시는 것을 보았고 눅 8:40-48, 폭풍을 잠잠케 하시는 것을 보았고 눅 8:22-25, 물 위를 걸어오시는 것을 보았고 마 14:22-32, 물을 포도주로 만드신 것을 보았고 요 2:1-12, 사람을 죽은 자 가운데서 살리시는 것을 보았고 눅 7:11-17, 예수님의 가르침을 들었다 마 5-7장. 그들은 대중들은 누리지 못한 친밀함으로 예수님을 볼 기회가 있었다.

한번은 가이사랴 빌립보에서 예수님이 무리로부터 물러나 제자들과 시간을 보내셨다 마 16:13-20. 그 시간 동안 예수님은 그들에게 물으셨다.

"사람들이 나를 누구라고 말하느냐? 저기서 들리는 소문은 무엇이냐? 그들은 나를 아직 이해하지 못했느냐? 바로 지금 나의 사역에 대한 대중들의 의견은 무엇이냐?"

예수님의 제자들은 한 명씩 그 질문에 대답을 했다.

"글쎄요 예수님, 어떤 사람들은 예수님이 엘리야라고도 하고, 어떤 사람들은 세례 요한이라고도 합니다. 그리고 어떤 사람들은 예수님이 선지자라고 합니다."

예수님이 말씀하셨다.

"그거 재미있군. 하지만 너희는 내가 누구인지에 대해 그리고 내가 해온 일에 대해 세밀하게 알고 있지. 너희의 의견은 무엇이냐? 너희는 나를 누구라고 하느냐? 너희는 어떻게 생각하느냐?"

시몬은 열두 명의 대변인 역할을 하여 그 질문에 대해 이렇게 대답한다.

"주는 그리스도시요 살아 계신 하나님의 아들이시니이다"
마 16:16.

이것은 유대인의 입에서 나온 심오하고 담대한 진술이다. 예수님을 지켜본 1세기 유대인이 예수님을 보면서 "당신은 메시아입니다."라고 말했다. '그리스도'Christ라는 단어는 헬라어 '크리스토스'Christos에서 왔는데, 그것은 히브리어 '메시아' Mashiyach를 번역한 것이다.

베드로는 사실상 이렇게 말하고 있었던 것이다.

"당신은 우리 유대인들이 오랫동안 꿈꿔 오고, 기도해 오고, 소망해 오던 그분입니다. 당신은 아브라함에게, 다윗에게, 예레미야에게 약속된 분입니다. 당신은 그리스도, 살아 계신 하나님의 아들이십니다."

반석인 베드로

예수님은 시몬에게서 그 말을 들으시고는 축복의 말을 하셨다. 그분은 자기 제자들을 보시고 말씀하셨다.

"…바요나 시몬아 네가 복이 있도다 이를 네게 알게 한 이는 혈육이 아니요 하늘에 계신 내 아버지시니라" 마 16:17.

다시 말하면 이렇다.

"시몬아, 너는 아무 도움 없이 너의 지적 능력을 통해 이런 결론에 이른 게 아니다. 네가 보는 걸 보고, 네가 이해하는 걸 이해하기 위해서는 신적 도움이 필요하다. 하나님이 너에게 비밀을 밝히 보여 주셨다. 하나님은 다른 사람들이 매일 놓치고 깨닫지 못하는 것을 너에게 분명하게 알게 하셨다. 네가 보는 것을 보다니 너는 복되다."

우리가 하나님의 영에 의해 새 탄생을 받았다는 사실을 절대로 잊지 않는 것이 중요하다. 우리는 누가 우리를 위해 이 일을 하셨으며, 하나님의 손에서 나온 이 손길, 즉 우리가 두 번째 탄생을 경험했다는 것이 얼마나 복된 일인지 절대로 잊지 말아야 한다. 베드로와 마찬가지로, 우리도 다른 사람들이 보지 못하는 것을 보도록 하나님의 치유의 손길을 받았다. 그러고 나서 예수님은 그분의 제자들에게 돌이켜 말씀하셨다.

"또 내가 네게 이르노니 너는 베드로라 내가 이 반석 위에 내 교회를 세우리니…" 마 16:18.

예수님의 이 말씀이 무슨 의미인가에 대해서는 많은 논의가 있었다. 어떤 사람들은 예수님이 베드로 자신 위에 그분의 교회를 세울 것이라고 말씀하고 계신다고 믿는다. 그렇기 때문에 이 특정한 제자가 로마 가톨릭 교회에서 지상권을 갖게 되었다는 것이다.

다른 사람들은 이 진술을 예수님이 이 신앙 고백 위에 그분의 교회를 세우겠다는 의미라고 본다. 그래서 누구든지 예수님을 그리스도라고 고백하는 사람은 그분의 교회에 일원이 된다는 것이다. 다시 말해, 사람은 입을 열어 "당신은 그리스도이십니다."라고 말해야 한다는 것이다.

그것은 예수님이 "너는 이 첫 번째 고백을 한 반석 베드로다. 그리고 우리는 여기에서 출발해야 할 것이다. 우리는 바로 지금 여기에서 세우기 시작할 것이다. 이 시점으로부터 나는 나의 교회를 세우겠다."라고 말씀하고 계신 것과도 같다.

밀처럼 까부름을 당함

물론 후에 복음서 기록에서 보듯이 베드로는 언제나 반석처럼 행동한 것은 아니었다. 예수님이 "너는 가루가 되어 부서질 빵 한 덩이다."라거나 "너는 케이크 한 조각이다."라거나 "너는 마시멜로다."라고 말씀하지 않은 것이 의아할 지경이다. 그렇다. 베드로가 확고히 서 있던 순간들도 있었지만, 시험의 때에 그는 비참하게 실패했다.

예수님이 배신당하시던 날에 대한 누가의 기사에 따르면, 예수님은 첫 번째 성만찬이기도 했던 마지막 유월절을 보내고 계실 때 이렇게 말씀하셨다.

"너희는 나의 모든 시험 중에 항상 나와 함께한 자들인즉 내 아버지께서 나라를 내게 맡기신 것같이 나도 너희에게 맡겨 너희로 내 나라에 있어 내 상에서 먹고 마시며 또는 보좌에 앉아 이스라엘 열두 지파를 다스리게 하려 하노라" 눅 22:28-30.

예수님은 그분의 친구들에게 말씀하셨다. "너희는 나에게 충성했으니 나도 너희에게 충실할 것이다. 나는 너희가 심판의 보좌에 앉도록 할 것이다." 하지만 그러고 나서 예수님은 베드로에게 돌이켜 말씀하셨다.

"시몬아, 시몬아, 보라 사탄이 너희를 밀 까부르듯 하려고 요구하였으나 그러나 내가 너를 위하여 네 믿음이 떨어지지 않기를 기도하였노니 너는 돌이킨 후에 네 형제를 굳게 하라" 눅 22:31-32.

그분은 여기에서 무엇을 말씀하고 계시는 것인가?

"시몬아, 너는 네가 반석이라고 생각하지만 사탄은 너를 원한다. 그는 너를 까부르기 원하고, 그의 손에서 가루로 만들고 싶어 한다. 그는 너를 가지고 놀고 싶어 하고, 나를 붙잡는 수단으로 너를 이용하려 한다. 나는 방금 여기 있는 모든 사람들이 나에게 충성되고 신실했다고 말했다. 하지만 시몬아, 너는 나를 배반할 것이다."

베드로는 이 기절할 경고에 어떻게 반응했는가? 그는 "…주여 내가 주와 함께 옥에도, 죽는 데에도 가기를 각오하였나이다"눅 22:33라고 말했다.

내가 처음 그리스도인이 되었을 때 내가 다니던 대학에서는 남자들 몇 명이 수요일 밤마다 모여 성경 공부를 하고, 피아노 반주에 맞춰 찬송가를 불렀다. 나는 그 밤마다 많은 찬송가를 처음으로 배웠는데, 그중의 하나가 "예수 나를 오라 하네"였다. 나는 새로 회심한 사람답게 정말 즐겁게 그 찬송을 불렀던 것을 기억한다. "주의 인도하심 따라 주의 인도하심 따라 어디든지 주를 따라 주와 같이 같이 가려네." 지금 그 찬송을 들으면 나는 죄책감을 느낀다. 내가 어떤 것을 하든지 어느 곳에 가겠다고 말하기 전에 신중하고 싶기 때문이다. 젊음의 혈기로 충만한 우리는 온갖 헌신과 충성을 자랑하는데, 그것이 사실인지 아닌지는 오랜 시간이 흘러봐야 알 수 있다. 유감스럽게도 순례의 세월이 흐르면서 우리가 얼마나 실패하기 쉬운가를 알게 된다.

베드로는 젊은 날의 원기왕성했던 나의 모습과 비슷했다. 그는 이렇게 말하고 있었다.

"예수님 당신은 그리스도, 살아 계신 하나님의 아들이십니다. 주의 인도하심 따라 어디든지 주를 따르겠습니다. 그래야 한다면 당신과 함께 감옥에도 가겠습니다. 나는 심지어 죽기까지 당신을 따르겠습니다."

그는 아직 자신이 얼마나 취약한지 배우지 못했다.

부인과 배신

베드로는 성금요일 전날인 목요일 저녁에 다락방에서 담대하게 충성을 주장했다. 그날 밤 나중에 그는 어디 있었는가? 병사들이 예수님을 잡으러 오자마자 베드로는 도망갔다. 그는 유대 관원들이 안에서 예수님을 재판하고 있는 동안 대제사장 집 밖에 숨어 기다리고 있었다. 무슨 일이 일어나고 있는지 소식을 주워듣고 주님의 운명에 대해 알려는 것이었다.

그때 여종이 나와서 말했다. "너도 갈릴리 사람 예수와 함께 있었도다"마 26:69. 하지만 베드로는 그것을 부인했다. 후에 또 다른 여종이 "이 사람은 나사렛 예수와 함께 있었도다"마 26:71라고 말했다. 하지만 그는 맹세하면서 부인했다. 마지막으로, 곁에 섰던 한 사람이 "너도 진실로 그 도당이라 네 말소리가 너를 표명한다"마 26:73고 말했다. 베드로는 "아니다."라고 말했는가? 정확하게 그렇게 말한 것은 아니었다. 성경은 그가 저주하면서 그것을 부인했다고 말한다. 그는 자신이 예수를 알지 못한다는 것을 강조하면서 욕을 퍼부었다. 그것은 그가 이 여종들과 곁에 섰던 사람들을 두려워했기 때문이었다. 무슨 일이 일어났는가? 반석이 밀처럼 까부름을 당했다. 시험의 때가 왔고, 베드로는 실패했다.

그날 밤 그보다 전에, 성만찬을 나누면서 예수님은 말씀하셨다. "내가 진실로 너희에게 이르노니 너희 중의 한 사람이 나를 팔리라"마 26:21. 제자들은 식탁에 둘러 앉아 근심하면서 하나씩 말했다. "주여 나는 아니지요"마 26:22. 그리고 나서 그들은 회계담당자에게 왔다. 유다가 말했다. "랍비여 나는 아니지요" 그러자 예수님이 대답하셨다. "네가 말하였도다"마 26:25. 요한은 예수님이 이렇게 말씀하셨다고 덧붙였다. "네가 하는 일을 속히 하라" 그러자 유다는 그날 밤에 밖으로 나갔다요 13:27, 30.

이렇게 예수님은 유다를 배신자로 제쳐놓으셨다. 성경

은 유다가 이미 은 30냥을 받고 예수님을 그분의 원수들의 손에 넘겨주기로 합의했었다고 말한다 마 26:14-16, 막 14:10-11, 눅 22:3-6. 그 일을 하고 나서 유다는 목매달아 죽었다. 그는 완전한 불명예 속에서 자기가 받은 은 30냥도 없이, 그리고 자기 이름을 모든 인류 역사에서 배반과 배신의 상징으로 만드는 유산을 남기고 죽었다.

이 두 사람 간의 차이는 무엇이었는가? 그 대답은 예수님의 대제사장적 기도에 나타난다.

> "내가 그들과 함께 있을 때에 내게 주신 아버지의 이름으로 그들을 보전하고 지키었나이다 그 중의 하나도 멸망하지 않고 다만 멸망의 자식뿐이오니 이는 성경을 응하게 함이니이다" 요 17:12.

간단히 말해서 유다는 결코 회심하지 않았으나 베드로는 하나님의 중생한 아들이었으며, 그렇기 때문에 하나님의 권능이 그를 지켜 주었다. 베드로의 중생은 영구적인 것이었다. 베드로는 격렬하게, 극적으로, 완전히 나락으로 타락했지만 그의 타락은 전적인 것도 최종적인 것도 아니었다.

베드로는 애초에 그를 살아나게 하신 분에 의해 보존되었다. 성령님은 중생의 동인動因일 뿐만 아니라 성경에 따르면 "우리 기업의 보증"엡 1:14이시다.

우리는 때로 '보증금'에 대해 말한다. 보증금은 할부금의 첫 지불액과 비슷하다. 부동산 거래에서 사는 사람 측은 약간의 보증금을 거는데, 그것은 그가 진지하게 거래를 이행할 의도가 있는 구매자임을 보여 준다.

마찬가지로 하나님은 성령님을 통해 누군가를 중생시키실 때 그 사람과 영원히 함께 있도록 성령님을 주신다. 성령님의 임재는 하나님이 언젠가는 그 사람에게 중생에 수반되는 모든 것을 주시겠다는 '보증'이다. 인간들은 때때로 보증금을 걸었어도 거래를 이행하지 못할 때가 있지만, 하나님은 자신이 하시겠다고 말씀하시는 것을 언제나 행하신다. 그분은 계약을, 거래를 완결하신다. 그분은 절대로 계약 이행을 하지 않으시는 경우가 없으시며, 지불을 하지 않으시는 경우가 없다. 성령 하나님이 당신을 다시 살리실 때 당신은 당신의 구원이 영구적이라고 확신할 수 있다.

새 탄생을 경축하라

그래서 우리는 거듭남을 경축한다. 인간이 받을 수 있는 이보다 더 큰 선물은 없다. 인간이 소유할 수 있는 이보다 더 큰 보물은 없다. 당신이 성령으로 거듭났다고 확실히 말할 수 없다면, 사람이 거듭나지 않으면 하나님 나라를 보거나 거기에 들어갈 수 없다고 하신 예수님의 가르침을 상기하길 간절히 바란다요 3:3, 5.

거듭나지 않았다면 당신은 하나님 나라에 들어가지 못

한다. 하지만 거듭났다면 당신은 하나님의 애정과 자비, 새 생명의 권능을 알 것이다. 당신은 새로운 피조물, 아무 것도 멸망시킬 수 없는 새로운 피조물이 된다. 생명이나 사망이나 현재의 것이나 과거의 것이나 정사나 권세나 높은 것이나 깊은 것이나 그 밖에 그 어떤 것도 당신을 그리스도 안에 있는 사랑에서 떼어놓을 수 없다롬 8:38-39.

사명선언문

너희가 흠이 없고 순전하여……세상에서 그들 가운데 빛들로
나타내며 생명의 말씀을 밝혀 _ 빌 2:15-16

1. 생명을 담겠습니다
만드는 책에 주님 주신 생명을 담겠습니다.
그 책으로 복음을 선포하겠습니다.

2. 말씀을 밝히겠습니다
생명의 근본은 말씀입니다.
말씀을 밝혀 성도와 교회의 성장을 돕겠습니다.

3. 빛이 되겠습니다
시대와 영혼의 어두움을 밝혀 주님 앞으로 이끄는
빛이 되는 책을 만들겠습니다.

4. 순전히 행하겠습니다
책을 만들고 전하는 일과 경영하는 일에 부끄러움이 없는
정직함으로 행하겠습니다.

5. 끝까지 전파하겠습니다
모든 사람에게, 땅 끝까지, 주님 오시는 그날까지
복음을 전하는 사명을 다하겠습니다.

서점 안내

광화문점 서울시 종로구 새문안로 69 구세군회관 1층
02)737-2288 / 02)737-4623(F)

강남점 서울시 서초구 신반포로 177 반포쇼핑타운 3동 2층
02)595-1211 / 02)595-3549(F)

구로점 서울시 동작구 시흥대로 602, 3층 302호
02)858-8744 / 02)838-0653(F)

노원점 서울시 노원구 동일로 1366 삼봉빌딩 지하 1층
02)938-7979 / 02)3391-6169(F)

일산점 경기도 고양시 일산서구 중앙로 1391 레이크타운 지하 1층
031)916-8787 / 031)916-8788(F)

의정부점 경기도 의정부시 청사로47번길 12 성산타워 3층
031)845-0600 / 031)852-6930(F)

인터넷서점 www.lifebook.co.kr